Romans

one

원문으로 다시보는 로마서
(제1권)복음이란 무엇인가

저자 지종엽
발행인 원유애
발행처 비블리아
초판 1쇄 인쇄 2021. 3. 15
출판신고 제9-256호(2004. 10. 16)
서울 강북구 수유동 554-89 B01
TEL 010-2320-5291
표지디자인 Naomi Ji
ISBN 979-11-968805-3-8
값 13,500원

the Gospel

IN THE GOSPEL THE RIGHTEOUSNESS OF
GOD IS REVEALED FROM FAITH TO FAITH

ROMANS 1:17

원문으로 보는 로마서
기막힌 복음의 은혜

    바울이 쓴 로마서는 2000년 동안 기독교인들의 마음을 설레게 한 성경말씀이다. 성경 66권 중에서 로마서를 으뜸으로 꼽는 이유는 사도바울의 박식한 신학 지식과 화려한 문체만이 아니라 그 글을 읽고 설교할 때 부어지는 강력한 구원의 은혜 때문이다.

    기독교 역사를 보면 로마서가 만들어낸 뛰어난 신앙의 인물들이 많이 있다. 성 어거스틴은 로마서를 읽고 회심하였고, 마틴 루터는 "의인은 믿음으로 말미암아 살리라"는 로마서 1장17절을 읽고 진정한 복음을 깨닫고 종교개혁을 하였으며, 감리교의 창설자인 요한 웨슬레는 시골의 한 작은 교회에서 설교자가 루터의 로마서 주석을 읽는 것을 들을 때 즉각적인 회심을 한 후 18세기 영국교회의 부흥의 선구자가 되었다.

    오늘날에도 많은 사람들이 이 은혜를 사모하면서 로마서를 읽고 설교를 한다. 기독교인 중에 로마서를 읽어보지 않은 사람은 없을 것이며 목회자 중에 로마서 말씀으로 설교하지 않은 사람도 없을 것이다. 하지만 오늘날 교회에서 로마서를 통한 회심이나 부흥의 역사는 쉽게 일어나지 않는다.

이유는 로마서를 부분적으로 발췌하여 읽거나 설교하기 때문이다. 성경의 다른 책과 마찬가지로 로마서도 처음부터 마지막까지 문맥으로 읽어야 하고, 성경저자가 전하는 분명한 메시지를 발견해야 한다. 특히 로마서는 한절한절 신학적으로 깊은 의미를 담고 있기에 다른 성경보다 원문을 통한 연구가 절실하다.

『원문으로 다시보는 로마서』는 로마서 1장부터 마지막 16장까지 성경본문을 헬라어 원문으로 연구하여 바울이 말하는 로마서의 메시지를 풀어 설명하였으며 헬라어를 배운 분은 물론 헬라어를 잘 모르는 분들까지도 성경 원문을 통해 로마서의 깊이에 쉽게 도달할 수 있게 하였다.

『원문으로 다시보는 로마서』는 총 5권으로 집필되었다.

(1권)복음이란 무엇인가 (2권)믿음이란 무엇인가,

(3권)죄란 무엇인가 (4권)엔 크리스토스 (5권)그리스도인의 삶

2021년 3월 5일
지종엽

목차

1장 복음과 하나님의 의

2장 복음을 상실하면 심판이 온다

3장 율법은 복음이 아니다

Ch. 1

복음과 하나님의 의

1:1
사도보다 먼저 종이 되어야

(1:1a)예수 그리스도의 종

(개역)예수 그리스도의 종 바울은

Παῦλος δοῦλος χριστοῦ Ἰησοῦ,
  바울은   종(이다)   그리스도의   예수의

(직역)바울은 그리스도 예수의 종(이다)

   로마서를 시작하면서 바울은 자신을 "그리스도 예수의 종"(둘로스 크리스투 예수)으로 소개한다. 종으로 번역된 헬라어 둘로스는 쇠고랑에 발이 묶여 도망갈 자유마저 빼앗긴 채 심한 노동을 강요당하는 노예를 뜻한다. 왜 바울은 노예라는 수치스러운 호칭을 자신의 자랑스러운 호칭인 사도보다 앞에 두고 있는가? 또한 바울이 "그리스도 예수의 종"(둘로스 크리스투 예수)이라는 호칭에 자부심을 갖는 이유는 무엇인가?

   하나님은 당신의 자녀가 누군가의 종이 되는 것을 원치 않으신다. 구약의 출애굽 사건을 보라. 하나님은 애굽에서 400년 동안 종살이 하던 이스라엘 백성을 불쌍히 여기사 해방시켜 자유의 땅인 가나안에 들어가게 했다. 창세기보다 출애굽기가 먼저 기록되었다고 보는 신학자들이 있다. 창세기를 인류 창조의 역사적 관점이 아니라 출애굽기의 관점 즉 하나님의 백성의 구원의 시각으로 보는 것으로 이것을 '구속 사적 관점'이라고 부른다.

구약에 출애굽의 구원 사건이 있다면 신약에는 십자가의 구원 사건이 있다. 기독교 복음은 예수 그리스도의 십자가의 구속으로 죄의 종노릇 하는 인류를 해방시켜 하나님의 자유 속으로 들어오게 하신 사건이다. 우리가 예수 그리스도를 믿는 이유는 죄의 노예상태에서 해방되기 위함이다.

이처럼 기독교 구원이 종의 상태에서 벗어나는 것임에도 불구하고 바울이 예수 그리스도의 종 되기를 자처하는 이유는 예수 그리스도의 종이 갖는 특수성 때문이다.

그 동안 한국교회는 종이라는 말을 목사를 지칭하는 높임말로 사용하였다. 그래서 목사를 '종님'이라고 부르는 해프닝이 벌어지기도 했다. 하지만 세상에 종놈은 있어도 종님은 없다. 예수 그리스도의 종에 대한 한국교회의 잘못된 인식이 오늘날 한국교회의 몰락을 가져왔다고 해도 과언이 아니다.

예수 그리스도의 종이 된다는 것은 주님 앞에 나의 모든 것을 내려놓는 것을 의미한다. 내가 가진 모든 권리와 결정권을 주님께 드려야 한다. 아이러니하게도 성경은 우리가 하나님의 종이 될 때 비로소 죄의 종에서 해방될 수 있다고 말한다.

너희가 죄의 종이 되었을 때에는 의에 대하여 자유로웠느니라. 너희가 그 때에 무슨 열매를 얻었느냐 이제는 너희가 그 일을 부끄러워하나니 이는 그 마지막이 사망임이라. 그러나 이제는 너희가 죄로부터 해방되고 하나님께 종이 되어 거룩함에 이르는 열매를 맺었으니 그 마지막은 영생이라(롬6:20~22).

어떤 공동체이든 의사 결정권은 그 조직의 리더에게 있다. 왕권시대는 물론이거니와 국민이 주인인 민주국가에서도 의사결정권은 대통령이 갖고 있다. 민주주의에서 국민이 선거를 통해 올바른 대통령을 선출해야 하는 이유는 이 때문이다.

하지만 예수님을 머리로 하는 교회 공동체는 그렇지 않다. 사도는 교회 조직상 가장 높은 위치에 있지만 의사결정권은 없다. 이유는 예수 그리스도의 종이기 때문이다. 하나님 나라의 모든 의사결정권은 주님이신 예수 그리스도에게 있으며 사도는 그분의 명령을 따르는 종에 불과하다. 심지어 예수 그리스도의 종은 자신의 사적인 일조차도 주님의 말씀을 따라야 한다. 자신의 몸에 대한 소유권조차 없는 것이 노예(**둘로스**)이다.

한국교회의 목사들은 스스로를 '종님'으로 높여 온 것이 얼마나 큰 죄인지를 알아야 한다. 주님은 종님과는 절대로 함께 하지 않는다. 시시때때로 종님이 주님 머리 위로 올라오기 때문이다. 교회의 머리가 누구인지가 분명하지 않은 교회는 교회가 아니며, 교회에서 머리 노릇을 하는 종은 종이 아니다.

만일 예수 그리스도의 종이라고 하면서 일처리를 자기 마음대로 한다면 그건 종의 기본이 안 된 것이다. 종은 자기 생각이 있으면 안 된다. 주인의 말에 복종이 안 되기 때문이다. 그래서 종은 머리가 열려 있으면 안 되고 귀가 열려 있어야 한다. 주님은 당신의 음성을 귀 기울여 듣고 당신의 말씀에 절대 복종하도록 우리를 종으로 부르신 것이다.

(1:1b) 부르심을 받은 사도

(개역) 사도로 부르심을 받아

κλητὸς ἀπόστολος
부르심을 받은   사도

(직역) 부르심을 받은 사도인

예수 그리스도의 사도의 자격에 대한 논쟁이 있다. 그리스도인은 누구나 사도가 될 수 있다는 주장과 예수님의 열두 제자와 바울 외에는 아무도 사도가 될 수 없다는 주장이 있다. 나는 그리스도인은 누구나 사도가 될 수 있다는 주장에 동의한다. 이유는 예수님이 복음사역을 위해 세상에 파송한 자가 사도라면, 부활의 주님이신 예수님은 지금도 사도들을 세상에 파송하고 있기 때문이다.

만일 예수님의 공생애 기간에 예수님의 복음사역에 참여한 사람만이 사도가 될 수 있다면 바울은 사도가 될 수 없었을 것이다. 바울은 생전에 예수님을 만난 적이 없기 때문이다. 예수님의 친동생인 야고보도 사도로서 자격 미달이다. 야고보는 예수님의 복음사역에 함께 한 적이 없다.

하지만 바울은 다메섹 도상에서 만난 부활하신 예수 그리스도가 자신을 사도로 임명했다고 주장하였다. 그리고 수년이 지난 후 예루살렘에 갔을 때 예루살렘 교회의 사도인 베드로와 야고보는 그의 사도직을 인정하였다. 바울이 다메섹에서 부활하신 예수 그리스도를 만난 후 사도가 되었다면 오늘날에도 부활하신 예수 그리스도를 만난 자들은 사도가 될 수 있다.

사도라는 말의 헬라어는 **아포스톨로스**이다. 영어 apostle이 여기에서 나왔다. **아포스톨로스**의 어원은 **아포**(from)와 **스텔로**(send)의 합성어로서 "보내심을 받은 자"라는 뜻이다. 광의적 의미로 볼 때 예수 그리스도로부터 보내심을 받은 자는 모두 사도이다. 예수님은 "오직 성령이 너희에게 임하시면 너희가 권능을 받아 예루살렘과 온 유대와 사마리아와 땅 끝까지 이르러 내 증인이 되리라"(행1:8)고 말씀하셨다. 우리가 보내심을 받아 증인의 삶을 살고 있다면 이미 사도의 삶을 살고 있는 것이다.

그럼에도 사도가 되려면 총회가 정한 절차를 거쳐야만 한다는 주장이 있을 수 있다. 하지만 바울은 그런 절차를 거쳐 사도가 된 게 아니다. 당시 예루살렘 교회에는 총회가 있었으며 야고보 사도가 총회장과 같은 직분을 맡고 있었다. 베드로와 요한 역시 예루살렘 교회의 사도였다. 이처럼 위대한 사도들이 생존해 있었음에도 바울은 사도가 되기 위해 예루살렘 총회에 가서 공식적 임명절차를 밟지 않았다. 갈라디아서를 보면 바울은 그럴 필요성을 전혀 느끼지 않았던 것처럼 보인다.

그러나 내 어머니의 태로부터 나를 택정하고 그의 은혜로 나를 부르신 이가 그의 아들을 이방에 전하기 위하여 그를 내 속에 나타내기를 기뻐하셨을 때에 내가 곧 혈육과 의논하지 아니하고 또 나보다 먼저 사도 된 자들을 만나려고 예루살렘으로 가지 아니하고 아라비아로 갔다가 다시 다메섹으로 돌아갔노라(갈1:15 ~17).

그렇다고 사역자가 되는 데 교단 총회가 정한 인준절차가 필요 없다는 게 아니다. 바울 역시 자신을 사도로 인정하지 않는 사람들 때문에 결국 예루살렘 총회에 가서 야고보와 베드로 같은 대사도들로부터 사도직을 인정받아야 했다. 내 말의 핵심은 사도적인 사역자가 되려면 총회의 인준보다 예수 그리스도의 부르심이 더 중요하다는 것이다.

바울은 사도의 조건으로 총회의 공식적 인준보다 예수 그리스도의 부르심(소명)을 우선으로 여겼다. 오늘날 목사가 되는 것은 그리 어려운 일이 아니다. 누구나 신학교에 가서 몇 년 공부를 하면 목사가 될 수 있다. 하지만 바울처럼 예수 그리스도의 부르심을 받아서 사도가 되는 것은 쉬운 일이 아니다. 예수님은 아무나 함부로 사도로 부르지 않기 때문이다.

다른 나라에 비해 우리나라에는 목사의 수가 많은 편이다. 물론 그게 문제 될 일은 아니다. 하지만 하나님의 부르심 없이 목사가 되었다면 문제이다. 한국교회는 목회자의 질이 떨어진다는 소리를 듣는다. 한국사회에서 잊을 만하면 튀어나오는 목회자의 비리나 목사 세습과 같은 병폐도 하나님의 부르심 없이 아무나 목사가 될 수 있기에 일어나는 일이다. 신학교는 하나님의 부르심을 받은 사람만 가야하고, 교회는 부르심을 받은 사람만을 목사로 세워야 한다.

로마서 1장1절에서 바울은 자신의 정체성을 **클레토스 아포스톨로스**(부르심을 받은 사도)라고 말한다. 여기서 바울은 "부르심"(소명)과 "보내심"(사명)을 하나로 보고 있다. 사도(보내심을 받은 자)가 되려면 먼저 소명을 받아야 한다. 소명을 받은 자만이 제대로 된 사도직을 수행할 수 있다. 소명이란 예수 그리스도의 부르심을 받고 그분의 얼굴 앞에 서는 것이다. 주님의 얼굴 앞에 서지 않은 사람은 사도가 될 자격이 없다.

야곱은 형 에서를 피해 외삼촌 라반의 집으로 가는 도중에 꿈에서 하나님의 영광을 보았다. 그 때 야곱은 자신이 하나님을 만났다고 생각했다. 그래서 그 곳 이름을 **벧엘**(하나님의 집)이라고 불렀다. 그러나 그가 직접 하나님의 얼굴을 대면한 것은 그로부터 20년이 지난 후 고향으로 돌아오던 길목인 얍복 강 나루에서였다. 야곱의 사도로서의 삶은 **벧엘**이 아니라 얍복 강 나루에서 시작된 것이다.

오랜 신앙생활과 수년의 신학공부를 했으니 사도가 될 자격이 있다고 생각하면 큰 착각이다. 사도는 그래서 되는 것이 아니다. 살아계신 그리스도를 만나고, 그분이 주시는 성령세례를 받고, 그리스도의 안에 들어가 그분과 얼굴을 맞대고 영적 씨름을 한 후에 비로소 되는 것이다.

바울은 이런 절차를 거쳤다. 다메섹에서 살아계신 예수 그리스도를 만난 후, 예수 그리스도가 보낸 아나니아를 통해 성령세례를 받고, 아라비아 광야에 홀로 들어가 그 분과 영적씨름을 한 후 사도가 되었다. 오늘날 교회에는 교단의 절차에 따라 안수를 받은 목사는 많지만 바울처럼 제대로 된 훈련을 받은 목사는 별로 없다.

부르심을 받은 종들은 반드시 이 과정을 거쳐야 한다. 늦었다고 생각할 때가 빠른 법이다. 바울이 받았던 영적 훈련의 과정을 거친 후 사도로서 사역을 시작해야 한다. 주님은 우리가 이 과정을 거칠 때까지 사도 임명장을 들고 기다리신다. 예수님은 아무나 함부로 사도로 세우지 않는다. 예수님이 열두제자를 사도로 세우시기 전에 산에 가서 밤이 맞도록 기도하신 것은 이 때문이다.

(1:1c)사도의 조건

(개역)하나님의 복음을 위하여 택정함을 입었으니

ἀφωρισμένος εἰς εὐαγγέλιον θεοῦ,
구별되어진   속으로   복음   하나님의

(직역)하나님의 복음 속으로 구별되어진

바울은 사도가 되기 위한 두 가지 조건을 말한다.

①예수 그리스도의 종이 되어야 한다

②사도로 부르심을 받아야 한다

하지만 바울은 이 두 가지 조건에 앞서 한 가지 전제조건을 말하는 데 그것은 복음 속으로 들어가서 구별 되어졌는가이다. 복음을 위해 보내심을 받은 사도가 되려면 먼저 복음 속으로 들어가서 구별되어져야 한다.

복음으로 구별된다는 것은 무엇인가?

유앙껠리온(복음)은 기독교 신앙에서 가장 중요한 단어이다. 고대 로마시대에는 전쟁에 승리했을 때 전령이 전해주는 "승리의 소식"을 유앙껠리온이라 하였으며 또한 황제와 관련되어 선포되는 모든 좋은 소식을 유앙껠리온이라고 하였다.

하지만 초대 기독교인들은 세상의 왕으로 오신 예수 그리스도에 관한 소식 특히 예수 그리스도의 죽음과 부활로 인한 구원의 기쁜 소식을 유앙껠리온이라고 하였다. 이것은 구약성경의 히브리어 바싸르(기쁜 소식)와도 연관이 있어 보인다(사 40:9, 52:7, 61:1,시96:2).

본문에서 바울은 '하나님의 복음'(유앙겔리온 데우)이라는 말을 사용한다. 어찌 보면 '예수 그리스도의 복음'과 '하나님의 복음'이 다른 말처럼 보일 수 있다. 하지만 바울은 그런 의미로 사용한 게 아니다. 헬라어 소유격명사 데우의 기본형인 데오스는 신을 의미하는 일반명사이다. 신약성경에서 성부 하나님을 지칭할 때는 정관사를 붙여서 호 데오스를 사용하지만 예수 그리스도의 하나님 되심을 나타날 때는 정관사가 없는 데오스를 사용한다. 이것은 삼위일체 하나님 중에서 성부 하나님과 성자 하나님을 구별하기 위함이다. 본문에서 바울이 언급한 정관사가 없는 '하나님의 복음'(유앙겔리온 데우)은 하나님이신 예수 그리스도의 복음을 의미한다.

사도가 되려면 하나님과 사람 사이에 구별되어진(아포리스메노스) 경계선을 넘어 하나님(예수 그리스도)의 복음 속으로 들어가야 한다. 하나님의 복음 속으로 들어간다는 것은 우리 안에 하나님으로 오신 복음이신 예수 그리스도 안으로 들어가는 것을 의미한다. 이를 통해 우리는 거룩한 하나님의 백성이 될 수 있다.

헬라어 하기오스(거룩)는 죄로부터 완전히 구별된 것을 말한다. 거룩은 하나님만이 갖고 계신 속성이다. 인간은 어떤 방법으로도 스스로 거룩해질 수 없다. 인간이 죄로부터 거룩해질 수 있는 유일한 방법은 세상으로부터 구별되어 거룩하신 하나님께로 나아가는 것뿐이다.

거룩이란 말의 헬라어 **하기오스**의 원래 의미는 '순결함'이다. 아주 작은 흠이나 티 없이 깨끗한 것이 거룩이다. 그런데 유대인들은 헬라어 **하기오스**에 "하나님께로 구별되다"는 의미를 부여하였다. 인간 스스로의 노력으로 거룩해지는 것이 불가능하다는 사실을 알았기 때문이다. 인간은 하나님이 계신 지성소로 들어가서 거룩하신 하나님께로 구별될 때 비로소 거룩해질 수 있다.

바울이 "하나님의 복음 속으로 구별되는 것"을 사도의 조건으로 삼은 것은 이 때문이다. 하나님의 복음 속으로 들어간다는 말은 복음으로 우리 안에 존재하는 예수 그리스도 안으로 들어가는 것을 뜻한다. 우리 몸을 성전으로 삼으신 거룩하신 하나님의 보좌 앞에 나아가는 것이다.

사도는 세상 속에서 예수 그리스도를 위해 사는 존재가 아니라 복음이신 예수 그리스도 안에서 세상을 위해 사는 존재이다. 하나님은 "내가 거룩하니 너희도 거룩하라"(벧전 1:126)고 말씀하였다. 하나님 앞에 만인제사장으로 부르심을 받은 그리스도인이 사도적 삶을 살려면 거룩은 필수 덕목이다. 사도의 거룩함은 예수 그리스도 안에 들어가서 세상과 구별된 삶을 살 때 만들어진다. 이것이 바울이 강조하는 **엔 크리스토스**(그리스도 안에)의 신앙이다.

오늘날 예수 그리스도를 위해 산다는 사람들은 바다에 모래만큼 많다. 하지만 예수 그리스도 안에 거하면서 세상의 죽어가는 영혼을 살려내는 사도의 삶을 사는 사람은 모래 안에서 금을 찾는 것만큼 어렵다. 그 일이 어렵더라도 주님은 모래 안에 숨겨져 있는 그 금을 찾으려 하신다. 사금을 채취하는 사람이 한 톨의 금을 찾으려고 수많은 모래를 골라내듯이 주님도 그리 하신다. 그래서 그 금을 찾으면 그것을 잘 다듬어서 세상을 하나님의 나라로 만드는 그 일에 쓰신다.

이렇게 보면 세상에서 가장 귀한 진주를 찾아다니는 진주 장사는 바로 예수 그리스도이시다.

그리스도 안에 있는 **엔 크리스토스** 신앙인은 그리스도 밖에 있는 신앙인과 분명히 구별되어야 한다. 하지만 오늘날 기독교는 이 선조차 모호하게 만들었다. 이 구별선이 모호하게 된 것은 **엔 크리스토스** 신앙인이 드물기 때문이다. 바닷가의 모래가 햇볕을 받아 금처럼 반짝인다고 금으로 착각해서는 안 된다. 순금으로 덧입혀진 예루살렘 성전을 본 사람은 금의 광채가 얼마나 휘황찬란한지를 알게 될 것이다.

그리스도 밖에서 붙들고 있던 가짜 복음을 버리고 그리스도 안으로 들어가서 그 안에 있는 진짜 복음을 소유하라. 그때 비로소 진정한 복음의 가치를 알게 될 것이며 우리가 귀하게 여겼던 것들이 얼마나 하찮은 것인지도 알게 될 것이다.

1:2-4
하나님의 복음과 예수 그리스도

(1:2) 복음은 하나님의 약속이다

(개역)이 복음은 하나님이 선지자들을 통하여 그의 아들에 관하여 성경에 미리 약속하신 것이라

ὃ προεπηγγείλατο διὰ τῶν προφητῶν αὐτοῦ ἐν γραπαῖς ἁγίαις
(그런데 그것을) 그는 미리 약속했다   통하여   그   선지자들을   그의   안에서   거룩한   성경

(직역)(그런데 그것을)그는 미리 약속했다 그 선지자들을 통하여 그의 거룩한 성경 안에서

　본문의 첫 단어인 관계대명사 **호**(그런데 그것을)의 선행사
는 롬1:1절에 나오는 **유앙겔리온**(복음)이다. 하나님은 복음을 선
지자들을 통해 성경에 미리 약속하셨다.

　원문을 보면 **프로에펭게일라토**(미리 약속했다)가 아오리스트시
제, 중간디포태이다. 아오리스트시제는 어떤 일이 생각지 않
게 순간적으로 발생할 때 사용된다. **프로에펭게일라토**가 아오리
스트시제인 것은 하나님이 선지자들을 통해서 미리 약속하신
복음이 창세전에 이미 예정된 일이 아니라 하나님이 생각지
않게 순간적으로 결정하신 일임을 보여준다.

　중간디포태는 자신의 의지를 써서 어떤 행위를 하는 것을
말한다. 하나님이 구약의 선지자들을 통해 순간적으로 예수
그리스도의 복음을 약속하신 데에는 하나님의 강한 의지가

들어있다. 창세전에 하나님이 미리 짜놓은 프로그램에 따라 실행된 게 아니라는 것이다. 살아계신 하나님은 지금도 하늘에서 하나님이 창조하신 세상을 들여다보면서 순간순간 하나님의 뜻에 맞게 다스려나가신다.

구약시대에 있었던 어떤 일을 계기로 하나님은 순간적으로 구약의 선지자들을 통하여(**디아 톤 프로페톤 아우투**) 하나님의 백성들에게 복음을 약속했고 그것이 거룩한 성경 안에(**엔 그라파이스 하기아이스**) 기록되었다. 하나님은 구약의 이스라엘 백성들이 이 땅에 하나님의 나라와 의를 이루는 일을 감당할 능력이 없음을 보시고 순간적으로 선지자들을 통해 복음을 약속하신 것이다.

(1:3a)복음은 하나님의 아들에 관한 것이다

(개역)그의 아들에 관하여 말하면

περὶ τοῦ υἱοῦ αὐτοῦ
관하여   그   아들   그의

(직역)그의 그 아들에 관하여

구약성경에 약속된 하나님의 복음은 하나님의 아들에 관한 것이다. **페리 투 휘우 아우투**(그분의 그 아들에 관하여)에서 소유격 대명사인 **아우투**(그분의)는 앞 절에 나오는 **데우**(하나님)를 가리킨다. 바울이 "하나님의 그 아들"(**투 휘우 데우**)이라고 하면서 하나님(**데우**) 앞에 정관사를 사용하지 않은 것을 주목

해야 한다. 이것은 "성부 하나님의 그 아들"을 뜻하는 게 아니라 "하나님이신 그 아들"을 뜻한다.

일반적으로 신약성경에서 예수 그리스도를 하나님의 아들로 칭할 때는 하나님과 아들 앞에 정관사를 사용하여 **호 휘오스 투 데우**(그 하나님의 그 아들)이라고 한다.

마16:16절의 베드로의 신앙고백인 "주는 그리스도시오 살아계신 하나님의 아들이시니이다"에도 **호 휘오스 투 데우**이고, 요한복음과 요한서신에서도(요1:34, 11:4, 요일4:15, 5:9), 사도행전도(행9:10), 바울서신에서도(엡4:13) 그렇다. 신약성경에 나오는 "하나님의 아들"은 거의 모두 **호 휘오스 투 데우**(그 하나님의 그 아들)로 쓴다.

본문에서 정관사가 없는 **데우**를 사용하여 "하나님의 그 아들"(**투 휘우 데우**)이라고 한 것은 성부 하나님의 아들이신 예수 그리스도의 또 다른 정체성을 나타내기 위함이다.

문법적으로 볼 때 **호 휘오스 투 데우**(그 하나님의 그 아들)에서 소유격 **투 데우**는 '소유의 용법'으로 "성부 하나님에 속한 아들"을 의미하는 반면에 **호 휘오스 데우**(하나님의 그 아들)에서 소유격 **데우**는 '동격의 용법'으로 "하나님이신 그 아들"을 나타낸다. 따라서 "그의 그 아들에 관하여"(**페리 투 휘우 아우투**)는 "하나님이신 그 아들에 관하여"라는 의미가 된다.

복음은 하나님이신 그 아들에 관한 것이며 또한 하나님이신 그 아들이 누구인가에 관한 것이다.

(1:3b)육신으로는 다윗의 씨에서 되신 분

(개역)육신으로는 다윗의 혈통에서 나셨고

τοῦ γενομένου ἐκ σπέρματος Δαυὶδ κατὰ σάρκα,
분   되신   부터   씨로   다윗의   따라서   육신을

(직역)육신을 따라 다윗의 씨에서 되신 분

본문의 한글개역은 원문과 차이가 있다. 원문직역은 "육신을 따라 다윗의 씨에서 되신 분"이지만 한글개역은 "육신으로는 다윗의 혈통에서 나셨고"로 번역하였다. "다윗의 씨"가 "다윗의 혈통"으로 바뀌었고, "되셨고"가 "나셨고"로 바뀌었다. 특히 **스페르마토스**를 혈통으로 번역한 게 문제이다. 우리말에서 혈통과 씨는 엄연히 다르다. 혈통이 후손을 의미한다면 씨는 시작(조상)을 의미하는 말이다.

예수 그리스도가 "하나님이신 그 아들"(**호 휘오스 데우**)이라면 다윗의 혈통에서 나신 분이라는 것은 격에 맞지 않는다. 예수 그리스도가 다윗의 혈통에서 나셨다면 하나님이신 그 아들보다 다윗이 더 위대한 사람이 된다. 하지만 예수님은 그리스도가 다윗의 후손이 될 수 없음을 분명히 말씀하였다.

너희는 그리스도에 대하여 어떻게 생각하느냐 뉘 자손이냐 대답하되 다윗의 자손이니이다 가라사대 그러면 다윗이 성령에 감동하여 어찌 그리스도를 주라 칭하여 말하되 주께서 내 주께

이르시되 내가 네 원수를 네 발 아래 둘 때까지 내 우편에 앉았으라 하셨도다 하였느냐? 다윗이 그리스도를 주라 칭하였은즉 어찌 그의 자손이 되겠느냐 하시니, 한 말도 능히 대답하는 자가 없고 그 날부터 감히 그에게 묻는 자도 없더라(마22:42-46).

스페르마토스 다위드(다윗의 씨)에서 소유격명사인 **다위드**를 '동격의 용법'으로 보면 "다윗과 같은 씨"가 된다. 하나님의 아들이신 예수 그리스도는 육신을 따라서는 다윗과 같은 믿음의 씨이시다. 한글개역이 **스페르마토스 다위드**를 "다윗의 혈통"으로 번역한 것은 아마도 뒤에 나오는 **카타 사르카**(육신을 따라서)라는 말을 의식했기 때문으로 보인다. **사르카**를 인간의 육체를 뜻하는 단어로 본 것이다. 하지만 **사르카**는 그런 뜻이 아니다.

사르카의 기본형은 **사륵스**(σάρξ)인데 이것은 인간의 몸을 의미하는 단어가 아니다. 헬라어에서 몸을 의미하는 단어는 **소마**(σῶμα)이다. 신약성경의 **사륵스**는 "신과의 관계를 갖기 위해 인간에게 주어진 신앙적 속성"을 뜻한다. 세상에 존재하는 피조물 중에서 오직 인간만이 신(하나님)을 찾는 것은 **사륵스**가 있기 때문이다.

신학자들은 **사륵스**를 인간의 죄성으로 보기도 하는데 이는 로마서 8장에서 바울이 로마교회 교인들에게 육신을 따르지**(카타 사르카)** 말고 성령을 따라(**카타 프뉴마**) 살라고 권면하기 때문이다. 인간 속에 있는 죄성과 성령을 대조하여 본 것이다.

하지만 이것이 옳은 견해가 아닌 것은 마태복음 26장의 겟세마네 동산에서 "깨어 기도하라"는 예수님의 말씀을 따르지 못하고 잠을 자는 제자들을 향해 "마음에는 원이로되 육신이 약하도다"라고 하였기 때문이다. 원문은 "**토 프뉴마**(성령은) **프로 뒤몬**(준비되었으나) **헤 사륵스**(그 육신은) **아스데네스**(약하다)"이다.

여기서 예수님은 **토 프뉴마**(그 영/성령)와 **헤 사륵스**(그 육신)를 대조한다. 제자들이 깨어 기도하지 못하는 이유가 육신이 약하기 때문이라는 것이다. **사륵스**가 인간의 죄성을 뜻한다면 인간의 죄성이 약해서 기도하지 못했다는 것인데 말이 안 된다. 또한 요한복음 1장은 예수 그리스도를 "말씀이 육신이 되어 오신 분"으로 표현하는데 그렇다면 말씀이신 그리스도가 죄성을 가진 인간으로 오셨다는 의미인데 이것 역시 말이 안 된다.

또한 요한복음의 성육신을 말씀이 인간의 몸(**사륵스**)을 입고 왔다는 식의 신학적 해석 역시 옳지 않다. 헬라어에서 인간의 몸을 의미하는 단어는 **소마**이다. 만일 성육신이 말씀이신 하나님이 인간의 몸을 입고 온 것이라면 **호 로고스**(말씀)가 **소마**(몸)로 왔다고 해야 맞다.

그렇다면 신약성경에서 **사륵스**는 어떤 의미로 사용되는가?

사륵스는 하나님이 창조 때에 인간에게만 주신 하나님(**호**

데오스)을 찾는 속성을 뜻한다. 말씀(호 로고스)이신 하나님이 육신(사룩스)이 되었다는 것은 본래 말씀(호 로고스)이신 하나님(데오스)이 육신(사룩스)이 되어 성부 하나님(호 데오스)을 찾는 사람이 되었다는 것이다. 예수님이 성부 하나님을 "아버지"라고 부르면서 제자들에게도 그렇게 부르라고 한 것은 그분이 육신(사룩스)이 되었기 때문이다.

또한 예수님이 깨어 기도하지 못하고 잠을 자는 제자들에게 "육신(헤 사룩스)이 약하도다"라고 하신 것은 하나님을 찾는 속성이 약해진 제자들의 모습을 나타낸 것이다. 예수님은 깨어 기도하지 못하고 잠을 자는 제자들을 책망한 게 아니라 아담의 타락 이후 약해진 육신 때문에 하나님께 나아가지 못하는 그들의 모습을 안타까워하신 것이다.

신약성경에서 **사룩스**가 예수님과 연관되어 사용될 때에는 관사가 없지만 사람들과 연관되어 사용될 때에는 관사가 있다. 여기서 관사가 없는 **사룩스**는 창조 때에 하나님이 아담에게 주신 변질되지 않은 **사룩스**이고, 관사가 있는 **사룩스**는 아담이 선악과를 먹은 이후에 약해진 **사룩스**임을 구별하기 위함이다.

본문에서 "육신을 따라 다윗의 씨에서 되신 분"이라 한 것은 다윗이 육신을 따라 하나님께 나아가서 이스라엘의 믿음의 씨가 되었듯이 예수님도 육신을 따라 하나님께 나아가서 그리스도인들의 믿음의 씨가 되셨다는 것이다. 이스라엘을 부족국가에서 왕국으로 만든 다윗과 이 땅에 하나님의 나라를 세우신 예수 그리스도를 비교하고 있다.

아담이 선악과를 먹고 타락한 후 인간은 육신이 연약한 존재가 되었고 그로인해 하나님과의 관계 맺는 게 어려워졌다. 그럼에도 다윗은 날마다 하나님이 계신 언약궤 앞에 나아가서 육신(사룩스)을 강하게 했다. 성경이 믿음의 씨인 예수 그리스도와 다윗을 비교하는 것은 이 때문이다.

천주교에서 마리아를 성모로 높이는 것은 예수님의 혈연적 족보를 강조하기 때문이다. 물론 인간의 몸을 입고 오신 예수님에게 혈연적 족보가 있고 그 족보에 따르면 다윗의 후손이고 마리아의 아들인 것은 맞다. 하지만 성경은 다윗과 예수 그리스도의 상관관계를 그런 식으로 보지 않는다. 다윗이 강한 육신(사룩스)으로 하나님과 친밀한 관계를 갖고 믿음의 씨가 되었듯이 예수 그리스도 역시 강한 육신으로 믿음의 씨가 되셨다.

한글개역에서 "나셨고"로 번역된 분사 게노메누는 아오리스트시제, 중간디포태이며 기본형은 기노마이(되다)이다. 본문에서 분사인 게노메누는 관사 투와 함께 쓰이면서 동명사가 되어 "되신 자"로 번역되고 앞에 나오는 투 휘우 아우투(그의 그 아들)과 동격이 된다. 그러므로 롬1:3절을 원문 그대로 직역하면 "육신을 따라 다윗의 씨에서 되신 그분(하나님)이신 그 아들에 관하여"가 된다.

게노메누가 아오리스트시제로 쓰인 것은 순간적으로 되었다
는 것이며 중간디포태는 스스로 그렇게 되려고 했다는 것이
다. 예수 그리스도가 육신을 따라서 **투 휘우 데우**(하나님이신
그 아들)이 된 것은 순간적으로 된 것이며(아오리스트시제),
예수님 스스로 그렇게 되려고 애쓰신 결과이다(중간디포태).

본문에서 육신을 따라 신적 존재인 아들이 되었다는 것은
원래부터 예수님이 하나님이셨다는 것보다는 부활을 통해 신
적존재가 되었음을 보여준다. 복음서에 예수님이 "인자가 십
자가에서 죽은 후 사흘 만에 다시 살아날 것"을 말씀하신 것
은 십자가의 죽음 후에 부활이 있을 것과 그 부활을 통해 신
적 존재가 될 것을 아셨기 때문이다. 이것은 예수님이 십자
가의 죽음을 받아들인 목적이 부활이라는 것을 보여준다.

그렇다면 "다윗의 씨에서 되신 자"란 무슨 의미인가?

여기서 전치사 **에크**는 분리의 전치사이다. 예수 그리스도의
부활은 다윗과 같은 씨에서 분리되어 나온 것이다. 구약성경
에는 믿음의 씨가 된 하나님의 사람들이 있다. 하지만 바울
이 다윗을 예로 든 것은 다윗처럼 하나님의 집(언약궤)을 가
까이 한 사람이 없기 때문이다. 다윗은 항상 하나님의 집인
언약궤 앞에 나아가 하나님의 음성을 들으려 했고 그 말씀에
순종하는 삶을 살려고 애썼다. 그로인해 다윗은 하나님의 사

람이 되었고 이스라엘의 가장 뛰어난 왕이 된 것이다.

누가복음 2장에는 예수님이 12살 된 해에 유월절에 요셉과 마리아가 예루살렘 성전에 갔다가 돌아오는 길에 예수를 잃어버려 사흘을 찾아 헤매다가 다시 예루살렘 성전으로 돌아가서 찾는 내용이 나온다. 그 때 어머니 마리아가 "아이야 어찌하여 우리에게 이렇게 하였느냐? 네 아버지와 내가 근심하여 너를 찾아노라."고 하자, 예수는 "어찌하여 나를 찾으셨나이까? 내가 내 아버지 집에 있어야 될 줄을 알지 못하셨나이까?"라고 하였다.

또한 마태복음 21장에서는 예수님이 성전에서 장사하는 자들을 내어 쫓으시면서 "기록된 바 내 집은 기도하는 집이라 일컬음을 받으리라 하였거늘 너희는 강도의 굴혈을 만드는도다."라고 책망하였다. 당시 유대인들이 성부 하나님을 **"아도나이**(주님)"로 부를 때 예수님은 성부 하나님을 **"압바 호 파트레"**(아바, 아버지)로 불렀다. 하나님과의 관계를 하나님의 집에 거하는 가족으로 보았기 때문이다.

하나님의 씨로서 예수님과 다윗의 공통점은 하나님의 집을 가까이 했다는 것이다. 부활하신 그리스도가 예수를 믿는 각 사람의 몸 안에 들어와서 그 안에 성전(하나님의 집)을 만드신 이유는 이 때문이다. 부활하신 그리스도가 우리 몸 안에 하나님의 집을 만든 것은 우리가 언제든지 그 곳에 들어올 수 있도록 하기 위함이다.

(1:4a)예수 그리스도가 하나님의 아들인 세 가지 표시

(개역)성결의 영으로는 죽은 자들 가운데서 부활하사 능력으로 하나님의 아들로 선포되셨으니

τοῦ ὁρισθέντος υἱου θεοῦ ἐν δυνάμει κατὰ πνεῦμα
그분 표시되신 아들로 하나님의 안에서 능력 따라 영을
ἁγιωσύνης ἐξ ἀναστάσεως νεκρῶν,
거룩한 부터 부활로 죽은 자들의

(직역)하나님의 아들로 표시되신 분, 능력 안에서, 거룩한 영을 따라, 죽은 자들의 부활로부터

　　예수 그리스도는 성부 하나님의 독생자이시면서 또한 하
나님이시다. 천주교에서 만든 사도신경은 예수님이 성령으로
잉태되어 동정녀 마리아에게서 나신 분임을 강조하지만 바울
은 예수 그리스도가 "하나님의 아들로(휘우 데우) 표시되신 분
(투 호리스덴토스)"이라고 말한다.

　　한글개역은 **호리스덴토스**를 "선포되셨으니"로 번역했는데 원
문과 차이가 있다. 수동태 분사구문으로 쓰인 **호리스덴토스**의
기본형은 **호리조**인데 "경계선을 만들어서 표시를 하는 것"을
뜻한다. 예수님이 본질상 하나님의 아들이지만 그럼에도 불
구하고 하나님이심을 나타내는 표시가 있다는 것이다.

　　한글개역은 이 부분을 "성결의 영으로는 죽은 자들 가운데
서 부활하사 능력으로 하나님의 아들로 선포되셨으니"로 번
역하였다. 여기서 "성결의 영으로는"을 문장의 앞에 둔 이유
는 앞 절인 롬1:3절의 "육신으로는"과 대조시키기 위함이다.

하지만 원문에는 이 세 가지가 모두 전치사구로 문장 뒤에 배열되어 있으며 이런 대조는 나타나지 않는다. 문장 뒤에 있는 세 개의 전치사구는 예수 그리스도가 하나님의 아들이 될 수 있는 세 가지 요소를 말한다.

①능력 안에서(엔 뒤나메이)
②거룩의 영을 따라(카타 프뉴마 하기오쉬네스)
③죽은 자들의 부활로부터(엑스 아나스타세오스 네크론)

①능력 안에서(엔 뒤나메이)

뒤나메이의 기본형인 **뒤나미스**는 신적 능력을 내는 단어이다. 예수님은 신적 능력 안에서 자신이 "하나님이신 그 아들"(**투 휘우 아우투**)이심을 분명히 나타내 보이셨다.

②거룩의 영을 따라서(카타 프뉴마 하기오쉬네스)

하기오쉬네스는 **하기오스**(거룩한)의 명사형으로 죄로부터 하나님께로 완전히 분리된 것을 말한다. 예수님은 거룩한 성령을 따라서 죄로부터 완전히 분리된 삶을 사심으로 자신이 하나님의 아들이심을 분명히 나타내 보이셨다.

③죽은 자들의 부활로부터(엑스 아나스타세오스 네크론)

이 부분은 원문과 한글개역과 비교해 볼 때 상당한 차이가 있다. 한글개역은 "죽은 자들 가운데서 부활하사"로서 예수님이 죽은 자들 가운데서 부활하셨다는 몸의 부활을 나타낸다. 하지만 원문직역인 "죽은 자들의 부활로부터"는 뉘앙스가 다르다. 죽은 자들이 부활했다는 의미이기 때문이다.

본문의 **아나스타세오스**는 **아나**(위에서)+**히스테미**(서다)의 합성어로 접두어인 **아나**는 하나님이 계신 하늘을 나타내는 의미로 **아나스타세오스**는 하나님이 계신 하늘에 세워진 것을 뜻하는데 신약성경에서 **아나스타세오스**는 믿는 자가 죽은 뒤 천국에서 부활하는 것을 나타낼 때 쓰인다. 또한 **네크론**은 복수형용대명사로 "죽은 사람들"을 의미하는데 기본형인 **네크로스**는 성경에서 하나님과의 관계 단절로 인한 영적 죽음을 나타낸다.

이렇게 보면 **엑스 아나스타세오스 네크론**(죽은 자들의 부활로부터)는 예수님이 영적으로 죽은 자들을 하나님이 계신 영원한 하늘에서 부활하게 하심으로 하나님의 아들이 되었다는 것이다. 이것은 부활하신 예수 그리스도의 사역의 궁극적 목적이 영적으로 죽은 자들을 살려서 영원한 천국에 들어가게 하는 것임을 보여준다.

(1:4b) 우리 주 예수 그리스도

(개역) 곧 우리 주 예수 그리스도시니라

Ἰησοῦ Χριστοῦ τοῦ κυρίου ἡμῶν,
예수　　그리스도　　그　주　　우리의

(직역) 예수 그리스도 우리의 그 주님

예수님이 하나님의 아들이면서 동시에 하나님이심을 보여주는 마지막 표시는 "우리 주 예수 그리스도"(**예수 크리스투 투 퀴리우 헤몬**)이다. 예수가 그리스도(**크리스투**)이시면서 우리의 주님(**투 퀴리우**)이 되신다는 것이다.

크리스투의 기본형은 **크리스토스**인데 이것은 "기름부음을 받은 자"를 의미한다. 이 단어는 히브리어 **마샤**(기름을 붓다)의 명사형인 **마시아**(기름부음을 받은 자)를 헬라어로 바꾼 것이다. 우리말로는 **메시아**와 **그리스도**로 번역된다.

구약시대에는 왕과 선지자와 제사장에게 기름을 부었으므로 예수님이 왕과 선지자와 제사장의 삼중직으로 기름부음을 받았다는 견해가 있다. 하지만 신약성경에서 예수 그리스도는 왕이나 선지자나 제사장으로 기름부음을 받은 분이 아니라 사람들에게 성령의 기름을 붓는 분으로 나타난다.

복음서를 보면 예수님은 세례요한으로부터 물로 세례를 받은 적은 있어도 왕이나 제사장으로 기름부음을 받은 적은 없다. 도리어 세례요한은 자신을 예수 그리스도와 비교하면서 "나는 물로 세례를 주거니와 그분은 성령으로 너희에게 세례를 주시리라"고 하였다.

예수 그리스도는 하나님의 자녀들에게 성령으로 기름을 부어 왕 같은 제사장으로 세우는 분이시다. 베드로서의 "너희는 왕 같은 제사장들이요"(벧전2:9)라는 말씀은 예수 그리

스도로부터 성령의 기름부음을 받은 그리스도인들을 왕 같은
제사장으로 묘사한 것이다.

1:5-7
그럼 나도 사도인가

(1:5a)예수 그리스도를 통한 은혜와 사도직

(개역)그로 말미암아 우리가 은혜와 사도의 직분을 받아

δι' οὗ ἐλάβομεν χάριν καὶ ἀποστολὴν

통하여 그를   우리가 받았다   은혜를   그리고   사도직을

(직역)그분을 통하여 우리가 은혜와 사도직을 받았다

디 후를 한글개역은 "그로 말미암아"로 번역했지만 원문은 "그를 통하여"이다. 전치사 **디아**가 소유격명사와 합하면 "~을 통하여"가 되고, 목적격명사와 합하면 "~로 말미암아"가 된다. 본문에서는 소유격명사가 뒤에 왔으므로 "그를 통하여"로 번역해야 맞다. 여기서 대명사 "그"는 예수 그리스도를 가리킨다. 바울은 예수 그리스도로 말미암아 은혜와 사도직을 받은 것이 아니라 예수 그리스도를 통하여 은혜와 사도직을 받은 것이다.

"그리스도를 통하여"라는 말의 의미를 어려워하는 사람들이 있다. 그러나 차를 타고 터널을 통과하는 것을 생각하면 이해가 쉽다. 차를 타고 큰 산을 넘어가는 것은 힘든 일이지만 터널을 통하면 쉽게 갈 수 있다. 그냥 터널 안으로 들어가서 쭉 가기만 하면 된다.

우리가 잘 아는 성경구절 "내가 곧 길이요 진리요 생명이
니 나로 말미암지 않고는 아버지께로 올 자가 없느니라."(요
14:6)에서 "나로 말미암지 않고는"의 원어는 **메 디 에뮤**(나를 통
하지 않고는)이다. 죄 가운데 있는 인간이 거룩한 하나님께
나아가는 것은 결코 쉬운 일이 아니지만 예수 그리스도를 통
하면 쉽게 갈 수 있다는 것이다.

제도화된 교회는 신학교를 졸업하고 수습기간을 거친 사
람들을 총회에서 안수한 후 사도(목사)로 세운다. 정해진 절
차를 거쳤으므로 사도의 자격이 있다고 생각한다. 하지만 성
경에서 말하는 사도의 자격은 그리스도 안에 들어가서 그리
스도를 통하는 삶을 살고 있는가에 달려있다. "이제는 내가
사는 것이 아니라 내 안에 계신 그리스도가 산다"(갈2:20)는
바울의 말처럼 내 안에 계신 그리스도 안에 들어가서 그분을
통하여 살고 있느냐가 사도가 되는 필수조건이다.

카린 카이 아포스톨렌(은혜와 사도직)에서 **카린**과 **아포스톨렌** 앞에
관사가 없다. 이것은 예수 그리스도를 통하여 은혜와 사도직
두 가지를 받았다는 것 보다는 관용적 표현으로 "은혜로 주
신 사도직"을 받았다는 의미이다. 초대교회 그리스도인들은
사도직을 주님이 주시는 가장 큰 은혜로 생각하였다. 주님이
십자가의 대속으로 우리의 죄를 사하시고 성령세례를 주신
목적은 보내심을 받은 사도로 삼기 위함이다.

(1:5b)믿음의 순종이 있어야 한다

(개역) 그의 이름을 위하여 모든 이방인 중에서 믿어 순종하게 하나니

εἰς ὑπακοὴν πίστεως ἐν πᾶσιν τοῖς ἔθνεσιν ὑπὲρ τοῦ
속으로 순종 믿음의 안에서 모든 그 이방인들 위하여 그
ὀνόματος αὐτοῦ,
이름 그의

(직역) 모든 그 이방인들 안에서 그의 그 이름을 위하여 믿음의 순종 속으로(들어가면서)

  본문의 한글개역은 "모든 이방인 중에서 믿어 순종하게 하나니"이다. 이방인들을 중에 일부를 믿어 순종하게 한다는 의미로 보인다. 하지만 원문직역은 "모든 이방인들 중에서 믿음의 순종 속으로(들어가려고)"이다. 앞 소절에 "우리가 그분을 통하여 은혜와 사도의 직분을 받았다"와 연결시켜 보면 하나님이 바울을 비롯한 이방인들에게 은혜와 사도의 직분을 주신 것은 믿음의 순종 속으로 들어가도록 하기 위함이다. 이것은 사도의 가장 중요한 덕목이 "믿음의 순종" 속으로 들어가는 것임을 보여준다.

  "믿음의 순종"(**휘파코엔 피스테오스**)은 소유격의 근원의 용법으로 "믿음에서 나온 순종"을 의미한다. 하나님 말씀에 순종하려면 믿음이 있어야 한다. 하나님의 자녀가 하나님 말씀에 믿음으로 순종해야 하는 것은 너무나 당연한 일이지만 쉬운 일이 아니다. 마치 자녀가 부모의 말씀에 순종하는 것이 쉽지 않은 것과 같다.

  구약성경에서 이스라엘의 초대 왕으로 택함을 받은 사울

왕이 실패한 것은 믿음의 순종이 안 되었기 때문이다. 사무엘상15장에는 사무엘 선지자가 사울왕의 잘못을 꾸짖는 내용이 나온다.

> 사무엘이 가로되 여호와께서 번제와 다른 제사를 그 목소리 순종하는 것을 좋아하심 같이 좋아하시겠나이까? 순종이 제사보다 낫고 듣는 것이 수양의 기름보다 나으니 이는 거역하는 것은 사술의 죄와 같고 완고한 것은 사신 우상에 절하는 죄와 같음이라. 왕이 여호와의 말씀을 버렸으므로 여호와께서도 왕을 버려 왕이 되지 못하게 하셨나이다.(삼상15:22-23)

믿음의 순종은 사도가 가져야 할 필수요소이다. 하나님은 그리스도 안에서 믿음의 순종을 하는 자들을 사도로 세우신다. 바울이 이런 말을 하는 것은 로마교회의 유대인 크리스천들이 자신들만이 사도가 될 수 있다는 생각을 했기 때문이다. 하지만 바울은 이방인일지라도 하나님의 말씀에 믿음의 순종을 한다면 누구든지 예수 그리스도의 이름을 위한 사도적 사역을 감당할 수 있다고 보았다.

(1:6) 부르심이 있어야 한다

(개역)너희도 그들 중에서 예수 그리스도의 것으로 부르심을 받은 자니라

ἐν οἷς ἐστε καὶ ὑμεῖς κλητοὶ Ἰησοῦ χριστοῦ,
안에 그들 존재한다 그리고 너희가   부르심을 받은   예수   그리스도의

(직역)그리고 그들 중에 예수 그리스도의 부르심을 받은 너희가 존재한다

엔 호이스(그들 중에서)에서 **호이스**는 관계대명사로 선행사는 앞 절에 나오는 **에드네신**(이방사람들)이다. 바울은 자신이 이방인들 중에서 사도로 부르심을 받은 것처럼 로마교회 신자들도 이방인들 중에서 예수 그리스도의 것으로 부르심을 받은 자라고 말한다. 사도의 자격은 유대인 뿐 아니라 헬라인에게도 있다는 것이다.

바울이 사도가 된 것은 유대인으로서가 아니라 헬라인으로 된 것이다. 그래도 바울은 유대인 혈통에서 태어났기에 하나님의 특별한 택하심을 받은 거라는 생각을 하는 사람들이 있을 것이다. 하지만 바울은 "너희도"(**휘메이스**)라고 하면서 로마교회의 헬라인 크리스천들도 자기처럼 사도가 될 수 있다고 말한다.

한글개역은 "예수 그리스도의 것으로 부르심을 받은 자니라."로 번역했지만 원문직역은 "예수 그리스도의 부르심을 받은 너희가 존재한다."이다.

한글개역의 "예수 그리스도의 것"에서 "것"이라는 말은 원문에는 없다. 한글개역의 이런 번역에는 바울은 사도로 부르심을 받았지만 로마교회 교인들은 예수 그리스도에 속한 자들로 부르심을 받았다고 봄으로써 사도 직분과 평신도 직분을 구별하려는 의도가 들어있다.

한국교회는 전통적으로 예수 그리스도의 사도는 예수님의

열두 제자와 사도 바울 밖에 없다는 견해를 따른다. 하지만 정작 바울은 예수님의 열두 사도 플러스 자신만이 사도라는 입장을 취하지 않는다. 바울은 1장5절에서도 "(모든 이방인들 중에서) 우리가 은혜와 사도의 직분을 받아"라고 일인칭 복수를 사용함으로써 이방인들 중에서 사도가 된 자가 자신만이 아님을 밝히고 있다. "예수 그리스도의 부르심을 받은 너희가 존재한다"(엔 호이스 에스테 카이 휘메이스 클레토이 예수 크리스투)는 말의 의미는 너희들 중에도 예수 그리스도의 사도로 부르심을 받은 자들이 존재한다는 것이다.

한글개역에서 "부르심을 받은 자"로 번역된 **클레토이**는 형용사 **클레토스**(부르심을 받은)의 복수형으로 앞에 나오는 **휘메이스**(너희들)을 수식한다. **클레토스**는 동사 **칼레오**(부르다)에서 나온 말로 누군가의 이름을 불러내어 어떤 일에 참여시키는 것을 뜻한다. "예수 그리스도의 부르심을 받은 너희들이란" 예수 그리스도가 바울을 비롯한 이방인 사역자들을 사도로 부른 것처럼 로마교회 교인들 역시 사도로 불렀음을 보여준다.

이쯤에서 이런 질문이 나올 수 있다.

"그렇다면 예수 믿는 사람은 모두 사도인가?"

이에 대한 나의 답변은 "아니다"이다. 예수를 믿었다고 모두 사도가 되는 게 아니라 주님의 구원사역을 위해 부르심을 받은 자만이 사도가 될 수 있다. 우리는 이 점을 분명히 해야 한다. 사도가 되려면 주님의 부르심 즉 콜링(calling)이 있어야 한다. 내가 하고 싶다고 사도가 될 수 있는 게 아니다.

성경을 보면 바울이 사도가 된 것은 예수 그리스도의 부르심을 받았기 때문이다. 부르심을 받은 후 바울은 예수 그리스도의 사도라고 스스로 말하고 다녔다. 바울이 자칭 이방인의 사도라고 하면서 복음을 전하고 다닐 때 얼마나 말이 많았겠는가? 특히 대사도인 베드로와 야고보, 요한을 섬기다 예루살렘에서 온 유대인 크리스천들이 볼 때 바울의 이런 모습이 얼마나 얕보였겠는가?

이런 문제로 바울은 사도가 된 지 14년 만에 사도직을 인정받기 위해 예루살렘 교회에 갔는데 거기서도 바울은 예루살렘 교회의 사도들과 자신을 동급으로 생각했다. 생각해 보라. 예수 믿는 자들을 핍박하다가 은혜 받고 이제 갓 사도가 된 바울이 3년 동안 제자로서 예수님과 동고동락했던 베드로나 요한, 야고보와 같은 사도들과 어떻게 동급이 될 수 있겠는가? 하지만 갈라디아서를 보면 예루살렘 교회에 간 바울은 베드로나 야고보와 같은 대사도들 앞에서 당당했다.

도리어 그들은 내가 무할례자에게 복음 전함을 맡은 것이 베드로가 할례자에게 맡음과 같은 것을 보았고 베드로에게 역사하사 그를 할례자의 사도로 삼으신 이가 또한 내게 역사하사 나를 이방인의 사도로 삼으셨느니라. 또 기둥 같이 여기는 야고보와 게바와 요한도 내게 주신 은혜를 알므로 나와 바나바에게 친교의 악수를 하였으니 우리는 이방인에게로 그들은 할례자에게로 가게 하려 함이라(갈2:7~9).

정말로 바울은 자신을 사도 베드로와 동급으로 여겼다.

"베드로에게 역사하사 그를 할례자의 사도로 삼으신 이가 또한 내게 역사하사 나를 이방인의 사도로 삼으셨느니라."

하지만 오늘날 교회에서는 교회의 크기에 따라 종들 사이에도 높고 낮음을 매기고 차별을 두는 일이 벌어진다. 하나님의 부르심을 받은 종이라면 그리고 예수 그리스도의 사도라면 서로가 서로를 인정하고 존중해야 한다. 우리를 사도로 세우신 분은 예수 그리스도이시기 때문이다.

(1:7a)하나님의 사랑하심을 받아야 한다

(개역)로마에서 하나님의 사랑하심을 받고 성도로 부르심을 받은 모든 자에게

πᾶσιν τοῖς οὖσιν ἐν Ῥώμῃ ἀγαπητοῖς θεοῦ, κλητοῖς ἁγίοις,
모두에게   그   사람들   안에   로마   사랑하심을 받는   하나님의   부르심을 받은   성도들

(직역)하나님의 사랑하심을 받는 로마 안에 있는 그 사람들 모두에게, 부르심을 받은 성도들인

바울은 6절에서 했던 로마교회 신자들을 일컫는 "너희"(휘메이스)라는 표현을 7절에서는 "로마에 있는 그 사람들 모두"(파신 토이스 우신 엔 로메)라고 폭을 넓힌다. 하지만 여기에는 전제 조건이 있는데 "하나님의 사랑하심을 받는"(아가페토이스 데우)이다. 아가페토스(사랑받는)의 복수인 아가페토이스를 사용한 이유는 수식하는 명사가 앞에 나오는 "로마에 있는 사람들 모

두"를 언급하기 때문이다.

바울은 지금 사도가 하나님의 사랑하심을 받는 자임을 말하고 있다. 또한 로마에 있는 모든 사람들이 하나님의 사랑하심을 받는 자인 사도가 될 수 있음을 암시한다.

그렇다면 왜 바울은 하나님의 사랑하심을 받는 자와 사도를 연결시키고 있는 것일까? 그것은 사랑이라는 헬라어 단어의 중요성 때문이다. **아가페토스**(사랑받는)은 동사 **아가파오**(사랑하다)에서 나온 말이며 명사형은 **아가페**(사랑)이다.

헬라어에는 사랑을 의미하는 단어가 4가지 있다. **아가페, 필레오, 에로스, 스톨게**이다. 알다시피 **필레오**는 친구간의 사랑, **에로스**는 남녀간의 사랑, **스톨게**는 부모와 자식 즉 혈연간의 사랑을 말한다. 그렇다면 **아가페**는 어떤 사랑을 의미하는가?

일반적으로 그리스도인들은 **아가페**를 하나님만이 하실 수 있는 절대적이고 무한한 사랑으로 알고 있다. 만일 **아가페**가 그런 의미라면 성경이 그리스도인들에게 **아가페**의 사랑을 하라고 요구하는 것을 어떻게 받아들여야 하는가? "네 이웃을 네 몸처럼 **아가페**로 사랑하라"는 계명과 "마음을 다해 뜻을 다해 목숨을 다해 하나님을 **아가페**로 사랑하라"는 계명을 지키는 것 자체가 원천적으로 불가능한 일이 아닌가?

그렇다면 **아가페**는 어떤 사랑을 의미하는가?

아가페는 고대 헬라사람들이 사용하던 말이 아니다. 예수님

당시의 어떤 헬라어 문헌에도 **아가페**라는 말이 나오지 않는다. **아가페**는 초대교회 성도들이 세상의 사랑과 구별되는 하나님의 사랑을 나타내기 위해 만들어낸 단어처럼 보이지만 그 경로가 분명하지 않다. 히브리어의 **아하브**(사랑하다)를 본 따서 헬라어 **아가파오**(사랑하다)라는 단어를 만들었다는 설이 있다.

아가페 사랑의 의미에서 중요한 것은 **필레오**와 **에로스**와 **스톨게**가 인간관계에서 나온 사랑이라면 **아가페**는 가치에 대한 사랑이라는 점이다. 하나님이 우리를 사랑하는 것은 관계 때문이 아니라 그리스도인으로서의 가치 때문이다. 따라서 **아가페**의 사랑을 이해라면 먼저 가치에 대한 사랑이 무엇인지를 알아야 한다.

오늘날에도 가치에 대한 사랑이 있다. 예를 들면, 하루 종일 스마트 폰을 끼고 사는 현대인들은 스마트 폰을 다른 어떤 것보다 사랑한다. 그들이 스마트 폰을 그토록 애지중지하는 이유는 관계 때문이 아니라 가치 때문이다. 백만 원이 넘는 돈을 지불하면서도 아까워하지 않는 것은 스마트 폰의 가치를 높이 평가하기 때문이다. 하지만 애지중지하던 스마트 폰일지라도 고장이 나면 아낌없이 버리는 데 그것은 가치가 사라졌기 때문이다.

아가페가 가치에 대한 존중이라면 "내 이웃을 내 몸처럼 **아가페**로 사랑하라"는 말씀과 "하나님을 마음을 다해 **아가페**로 사랑하라"는 말씀은 내 몸의 가치를 존중하는 것처럼 내 이웃의 가치도 존중하라는 것이며 또한 하나님을 하나님의 가치로서 존중하라는 것이다.

요한복음 마지막 부분에서 부활하신 예수님은 베드로에게 "네가 이 사람들보다 나를 더 사랑하느냐?"라고 질문하자 베드로는 "주님, 그렇습니다. 내가 주님을 사랑하는 줄 주님께서 아시나이다."라고 답변한다. 번역 성경에는 예수님이 똑같은 질문을 세 번하는 것으로 보이지만, 원문을 보면 예수님의 "네가 나를 사랑하느냐?"라는 질문과 베드로의 "내가 주님을 사랑합니다"라는 답변에서 "사랑하다"라는 단어가 서로 다르게 나온다.

처음에 예수님은 베드로에게 "네가 이 사람들보다 나를 더 **아가페**로 사랑하느냐?"라고 물었고, 베드로는 "내가 주님을 **필레오**로 사랑합니다."라고 답변했다. 두 번째 질문에서 예수님은 "네가 나를 **아가페**로 사랑하느냐?"라고 물었고, 베드로는 "내가 주님을 **필레오**로 사랑하는 줄 주께서 아시나이다."라고 답변했다. 그러자 세 번째 질문에서 예수님은 "네가 나를 **필레오**로 사랑하느냐?"라고 물었다. 그러자 베드로는 근심하면서 "주님, 모든 것을 아시오매 내가 주님을 **필레오**로 사랑하는 줄 주님께서 아시나이다."라고 답변하였다.

부활하신 예수님은 베드로가 자신을 신적 존재로 여기고

그 가치에 따른 **아가페**로 사랑하길 원했지만 베드로는 부활 전에 예수님과 함께했던 스승과 제자 사이의 **필레오**로 밖에 사랑하지 못한다는 것을 알았기에 그렇게 답변한 것이다. 하지만 세 번째 질문에서 예수님이 베드로의 눈높이에 맞추어 "네가 나를 **필레오**로 사랑하느냐?"라고 묻자 자신의 믿음 없음으로 인해 근심을 한 것이다.

예수님을 **아가페**로 사랑하는 것이 예수님을 하나님으로서의 가치에 맞게 사랑하는 것이라면 예수님은 사도 역시 그 가치에 맞게 **아가페**로 사랑하신다. 사도는 예수님으로부터 가장 높은 가치를 인정받은 사람이다. 예수님이 우리를 부르신 것은 사도라는 높은 가치의 존재로 삼으시기 위함이다.

"하나님의 사랑하심을 받은 로마에 있는 모든 자들"과 그 다음에 나오는 "부르심을 받은 성도들"(**클레토이스 하기오이스**)이 콤마로 연결된 것은 동격임을 보여준다. 그 가치를 인정받아 하나님의 사랑하심을 받은 자가 곧 부르심을 받은 성도이다. 하나님은 로마에 있는 부르심을 받은 모든 사람들의 가치를 이처럼 높이 평가하고 계신 것이다.

(1:7b)예수 그리스도로부터 오는 은혜와 평강

(개역) 하나님 우리 아버지와 주 예수 그리스도로부터 은혜와 평강이 있기를 원하노라

χάρις ὑμῖν καὶ εἰρήνη ἀπο θεοῦ πατρὸς ἡμῶν καὶ κυρίου

은혜가　너희에게　그리고　평강이　　부터　하나님　아버지　우리의　그리고　주의

Ἰησοῦ Χριστοῦ.
예수의   그리스도의
(직역)우리의 아버지 하나님으로부터 그리고 주 예수 그리스도(로부터), 은혜와 평강이 너희에게

"하나님 우리 아버지와 주 예수 그리스도로부터 은혜와 평강이 있기를 원하노라"는 바울의 독특한 인사법에는 유대인과 헬라인 모두에 대한 배려가 들어있다. **카리스 휘민 카이 에이레네**(너희에게 은혜와 평강이 있기를)은 유대인의 인사법인 **샬롬**(평강이 있기를)과 헬라인의 인사법인 **카이로**(기쁨이 있기를)가 공존하는 바울이 만든 기독교식 인사법이다. 히브리어 **샬롬**(평화)과 같은 의미의 헬라어 **에이레네**(평화)와 헬라어 카이로(기쁨)의 변형인 **카리스**(은혜)를 합쳐놓은 것이다.

바울이 헬라사람들의 인사법인 **카이로**(기쁨)를 **카리스**(은혜)로 바꾼 것은 헬라철학에서는 쾌락을 최고의 덕목으로 생각하기 때문이다. 헬라철학의 쾌락주의를 방탕한 삶에서 오는 쾌락으로 오해하면 안 된다. 헬라철학은 **카이로**(기쁨)를 인간 생존의 가장 중요한 요소로 본다. 인간이 하루를 기쁨으로 산다면 그보다 행복한 삶은 없을 것이다. 서구사회가 레크리에이션이나 엔터테인먼트 문화가 발달한 것은 모두 헬라철학의 쾌락주의에서 나온 것이다. 하지만 인간이 추구하는 기쁨은 변질될 위험이 있다. 쾌락이 타락이 되는 위험성이다. 헬라인이 추구했던 쾌락주의의 위험성은 여기에 있다. 그래서 바울은 세상의 기쁨(**카이로**)을 하나님으로부터 오는 기쁨인 은혜(**카**

리스)로 바꾼 것이다.

카리스(은혜)는 **카이로**(기쁨)에서 나온 말이다. 기쁘지 않은 것은 은혜가 아니다. 누군가가 은혜를 받고 눈물을 흘린다면 그것은 기쁨의 눈물일 것이다. 기독교인에게 은혜는 쾌락적 행위로 인한 기쁨이 아니라 하나님에게서 온 기쁨이어야 한다. 이러한 은혜는 예수 그리스도의 임재와 기름부음이 있을 때 또는 성령의 역사하심이 있을 때 나타난다.

나는 미국 유학중에 어느 미국교회의 부흥집회에 참석했다가 성령을 받은 한 성도가 기쁨을 주체하지 못해 큰 소리를 지르며 예배당 안을 마구 뛰어다니는 것을 본 적이 있다. 그런데 그걸 제지하거나 이상하게 생각하는 사람은 아무도 없었다. 도리어 함께 예배를 드리던 사람들은 은혜 받은 사람과 그 기쁨을 함께 나누고 축하와 격려의 말을 해 주었다.

바울은 "하나님 우리 아버지와 주 예수 그리스도로부터 오는 은혜와 평강이 있기를"이라고 말한다. **아포 데우 파트로스**(아버지 하나님으로부터)에서 전치사 **아포**는 근원을 나타내는 전치사이다. 은혜와 평강의 근원은 하나님 아버지와 주 예수 그리스도이시다.

기독교 신앙에서 삼위일체가 중요한 것은 우리 안에 계신 그리스도와 그 분 안에 있는 성령의 임재를 통해서만 하늘로부터 오는 은혜와 평강을 누릴 수 있기 때문이다. 삼위일체

를 부정하는 사람들이 하나님 아버지와 주 예수 그리스도로
부터 오는 복음의 기쁨을 누리는 것은 불가능한 일이다. 삼
위일체를 부인하는 교회가 이단이 되는 것은 이 때문이다.

그렇다면 정통 기독교를 자부하는 일반 교회는 어떠한가?

우리는 정녕 예수 그리스도를 통한 은혜와 평강을 누리고
있는가? 예수 그리스도의 증인된 삶은 "예수천당, 불신지옥"
을 외친다고 되는 것이 아니다. 또한 나라와 민족을 위해 밤
새도록 부르짖어 기도한다고 되는 것도 아니다. 하지만 내
안에 계신 그리스도 안에 들어가서 그분의 말씀에 믿음으로
순종하는 삶을 산다면 그래서 우리 안에 예수 그리스도의 은
혜와 평강이 충만하다면 우리는 이미 예수 그리스도의 사도
로서 증인된 삶을 살고 있는 것이다.

1:8-12
바울이 로마에 가려한 까닭은

(1:8)바울이 하나님께 감사하는 이유

(개역)먼저 내가 예수 그리스도로 말미암아 너희 모든 사람에 관하여 내 하나님께 감사함은 너희 믿음이 온 세상에 전파됨이로다

Πρῶτον μὲν εὐχαριστῶ τῷ θεῷ μου δια Ἰησοῦ Χριστοῦ
첫째로   참으로 나는 감사한다   그 하나님께 나의 통하여 예수   그리스도를

περὶ πάντων ὑμῶν ὅτι ἡ πίστις ὑμῶν καταγγέλλεται ἐν
대하여 모든   너희들에 왜냐하면 그 믿음이   너희의   선포되어지고 있다   안에

ὅλω τῷ κόσμω.
온   그 세상

(직역)첫째로 참으로 나는 나의 그 하나님께 감사한다 예수 그리스도를 통하여 모든 너희들에 대하여 왜냐하면 너희의 그 믿음이 온 그 세상에 선포되어지고 있기 때문이다

    편지의 인사말을 마친 후 바울은 "첫째로"(**프로톤**)와 "참으로"(**멘**)라는 강조의 부사를 통해 로마교회와 관련해서 하나님의 은혜에 감사하는 자신의 심정을 강하게 드러낸다.

    유카리스트 토 데오 무(나는 나의 하나님께 감사드린다)

    일반적인 편지에서 발신자가 수신자에게 감사를 표하는 경우는 종종 있다. 하지만 바울은 "첫째로, 참으로 나는 나의 하나님께 감사한다,"고 말한다. **유카리스트**(나는 감사한다)가 현재시제로 쓰였는데 이는 하나님께 항상 감사한다는 것이다. 여기서 바울이 "나의 그 하나님"(**토 데오 무**)이라고 한 것을 주

목해야 한다. 관사가 있는 하나님(**토 데오**)은 성부 하나님을 가리킨다.

바울이 다소 이기적으로 보일 수 있는 "나의"(**무**)라는 소유격 대명사를 쓴 이유는 자신이 섬기는 하나님과 로마교회 신자들이 섬기는 하나님이 다르다는 것을 나타내기 위함이다. 이것은 로마교회가 기독교 복음에 심각한 문제가 생겼다는 것과 하나님에 대한 그들의 믿음이 잘못되었음을 은연중에 보여주는 것이다.

디아 예수 크리스투(예수 그리스도를 통하여)

한글개역은 "예수 그리스도로 말미암아"로 번역했는데 이것은 오역이다. 전치사 **디아**가 소유격명사와 함께 쓰이면 "~를 통하여"이다. 따라서 본문은 "예수 그리스도를 통하여"로 번역되어야 맞다. 지금 바울은 하나님께 감사를 드리되 "예수 그리스도를 통하여" 감사를 드리고 있는 것이다. 이유는 예수 그리스도를 통해서만 하나님 아버지께 나아갈 수 있기 때문이다. 예수님은 "나를 통하지 않고는 아버지께 나아갈 자가 없다"(요14:6)고 하셨다. 예수 그리스도를 통하여 하나님 아버지께 나아가는 것이 복음이다.

페리 판톤 휘몬(모든 너희들을 위하여)

전치사 **페리**가 소유격명사와 함께 쓰일 때는 "~에 관하여" 또는 "~을 위하여"라는 의미로 쓰인다. 본문에서는 "모든 너희들을 위하여"로 보는 것이 좋다. 바울이 말하는 "모든 너희들은" 로마교회의 신자들이다.

바울은 로마교회 교인들이 복음을 잘 전해서 온 세상에 예수 그리스도의 복음이 전파된 것에 대한 감사의 뜻을 전하려고 편지를 쓴 게 아니라 로마교회에 문제가 생겼기 때문이다. 로마 교회 안에 율법주의의 득세로 인해 기독교 복음에 심각한 문제가 생긴 것이다.

그렇다면 바울이 로마교회에 보내는 서신에서 "예수 그리스도를 통하여 나의 하나님께 감사한다."고 한 이유는 무엇인가? 그것은 율법주의로 인해 복음이 상실될 위기에 처한 로마교회를 직접 가려고 했지만 이루어지지 않아서 결국 서신으로 대체하게 되었는데 서신으로라도 그들의 문제를 해결할 수 있게 된 것을 하나님께 감사하고 있는 것이다.

율법주의에 빠진 로마교회는 복음에 대한 잘못된 이해를 가졌기에 바울은 그들에게 올바른 복음을 전할 필요를 느꼈다. 15절에서 바울이 "나는 할 수 있는 대로 로마에 있는 너희에게도 복음 전하기를 원하노라"고 말한 것은 이 때문이다. 오늘날에도 복음을 믿는다고 하면서 복음에 대한 잘못된 이해로 율법주의와 같은 다른 복음에 빠진 교회들이 있다.

본문에서 바울은 "너희의 그 믿음"(**헤 피스티스 휘몬**)이라는 말을 하면서 믿음 앞에 정관사를 사용한다. 믿음 앞에 정관사를 붙인 이유는 로마교회가 소유하고 있는 믿음이 종교적 믿음이 아니라 특별한 믿음임을 나타내기 위함이다. 로마서 3장22절에서 바울은 "곧 예수 그리스도의 믿음을 통하여 모든 믿는 자에게 미치는 하나님의 의니 차별이 없느니라."고 말한다. 바울이 말하는 '그 믿음'은 예수 그리스도의 믿음을 가리키는 데 이에 대해서는 로마서 3장22절에서 자세히 설명할 것이다.

고대사회의 중심인 로마에 세워진 로마교회는 온 세상에 복음을 전하는 교두보의 위치에 있었다. 바울이 "너희 모든 사람에 관하여 내 하나님께 감사함은 너희의 그 믿음이 온 세상에 전파됨이로다."라고 한 것은 이 때문이다.

"전파됨이로다"로 번역된 **카탕겔레타이**는 강조 접두사 **카타**와 **앙겔로스**(선포하다)의 합성어로서 현재시제, 수동태로 "강하게 선포되고 있다"는 뜻이다. 바울은 자신이 보내는 서신으로 인해 로마교회 교인들이 다시금 복음으로 무장하여 온 세상에 복음의 증인이 되는 놀라운 역사를 기대하면서 하나님께 감사하고 있는 것이다.

디아 예수 크리스투(예수 그리스도를 통하여)라는 수식어를 사용한 것은 로마교회가 전 세계 복음화의 교두보가 되려면 오직 예수 그리스도를 통해서만 가능하기 때문이다. 또한 로마교회 교인들이 예수 그리스도의 복음을 믿고 있지만 **디아 예수**

크리스투(예수 그리스도를 통하여)가 안 되고 있음을 보여준다.

복음을 믿지만 제대로 된 복음화가 안 되는 것은 로마교 회만의 문제가 아니다. 예수 그리스도를 믿지만 복음화가 아니라 종교화 되고 있는 이 땅의 많은 교회들의 문제라고 할 수 있다.

(1:9a)나의 증인 되시는 하나님

(개역) 내가 그의 아들의 복음 안에서 내 심령으로 섬기는 하나님이 나의 증인이 되시거니와

μάρτυς γάρ μού ἐστιν ὁ θεός, ᾧ λατρεύω ἐν τῷ πνεύματί
증인으로 왜냐하면 나의 존재한다 그 하나님이 (그런데 그분을) 나는 섬긴다 안에서 그 영
μου ἐν τῷ εὐαγγελίω τοῦ υἱοῦ αὐτοῦ,
나의 안에서 그 복음 그 아들의 그분의

(직역) 왜냐하면 그 하나님이 나의 증인으로 존재한다, 그런데 그분을 위해 나는 섬긴다 나의 그 영 안에서 그분의 그 아들의 그 복음 안에서

성경 66권 안에서 한 구절에 삼위일체 하나님이 모두 나오는 경우는 드물지만 본문에는 모두 나온다. **호 데오스**(그 하나님)는 성부 하나님이고, **토 프뉴마티**(그 영)는 성령 하나님이고, **투 휘우 아우투**(그분의 그 아들)은 성자 하나님이다. 이것은 이 구절이 얼마나 중요한가를 보여준다.

바울은 "하나님(**호 데오스**)이 나의 증인(**마르튀스**)"이라고 말한다. 증인은 보고 들어서 알고 있는 사실을 증언하는 사람이다. 하나님이 내가 행하는 것을 보고 계시고, 알고 계신다는 것이다. 그러면서 관계대명사 **호**를 통해 하나님에 대한 부연 설명을 한다.

"(그런데)그분을 위해 나는 섬긴다."

라트류오(나는 섬긴다)는 제사장으로 섬김을 의미한다. 성부 하나님을 위한 제사장적 섬김을 하고 있다는 것이다.

바울은 하나님을 위한 제사장의 섬김에 두 가지 조건을 말한다. 하나는 "나의 성령 안에서"(**엔 토 프뉴마티 무**)이고 또 하나는 "그분의 그 아들의 그 복음 안에서"(**엔 토 유앙겔리온 토 휘우 아우투**)이다. 하나님을 위한 제사장적 섬김은 성령 안에서와 하나님의 아들의 복음 안에서 가능하다.

여기서 유심히 살펴보아야 할 부분은 바울이 성령(**토 프뉴마티**)을 말할 때는 "나의"(**무**)라는 소유격대명사를 사용한 반면 그 아들(**투 휘우**)을 말할 때는 "그분의"(**아우투**)라는 소유격대명사를 사용했다는 점이다. 이것은 성령은 나와 관련이 있고, 그 아들은 성부 하나님과 관련이 있음을 보여준다.

또 하나 주목할 것은 바울은 성령(**토 프튜마티**)과 그 아들(**투 휘우**)을 비교하는 것이 아니라 성령(**토 프뉴마티**)과 "그 아들의 그 복음"(**토 유앙겔리오 투 휘우**)을 비교하고 있다는 것이다.

토 유앙겔리오 투 휘우(그 아들의 그 복음)에서 소유격명사인 **투 휘우**를 동격의 용법으로 보면 "그 아들인 그 복음"이 된다. 하나님의 아들이신 예수 그리스도와 복음(**토 유앙겔리온**)이 동격이다. 하나님의 아들이신 예수 그리스도가 바로 복음인 것이다. 그러므로 "복음을 전한다."는 말은 예수 그리스도에 대해서 전하는 것이 아니라 예수 그리스도를 전하는 것이다.

이렇게 보면 바울이 나의 성령과 "그 아들의 그 복음"을 비교하는 것이 이상한 일이 아니다. 제사장으로서 하나님을 섬기는 일은 하려면 ①내가 성령을 받아야 하고 ②성령을 받으면 내 안에 복음으로 오신 하나님의 아들과 관계를 맺게 되고 ③성부하나님은 내 안에 계신 성령님과 아들이신 예수 그리스도 안에서 나의 증인이 되신다.

(1:9b)기도가 나를 능력의 사람으로 만든다

(개역) 항상 내 기도에 쉬지 않고 너희를 말하며

ὡς ἀδιαλείπτως μνείαν ὑμῶν ποιοῦμαι πάντοτε ἐπὶ τῶν
얼마나 쉬지않고 언급을 너희의 (내가 나를 위하여)행하는지 항상 위에서 그
προσευχῶν μου
기도 나의

(직역)항상 나의 그 기도 위에서 얼마나 쉬지 않고 너희의 언급을 내가 나를 위하여 행하는지

본문의 한글개역은 "항상 내 기도에 쉬지 않고 너희를 말하며"인데 이것은 바울이 로마교회를 위해 끊임없이 중보기도하고 있다는 의미로 보인다. 만일 바울이 기도할 때마다 로마교회를 위해 중보기도를 했다면 이런 궁금증이 들 수 있다.

"로마교회를 위해 중보기도를 하는 게 뭐 그리 대단한 일이라고 하나님이 나의 증인이 된다고 하고, 성령 하나님과 성자 하나님까지 언급을 하는가?"

하지만 원문직역을 보면 의미가 달라진다.

"어떻게 내가 항상 나의 기도에서 쉬지 않고 너희의 언급을 나를 위하여 행하고 있는지"

여기서 중요한 것은 **포이우마이**(행하다)라는 동사이다. 현재 시제, 중간태이므로 직역하면 "나는 나를 위하여 행한다."가 된다. 헬라어 중간태는 주어의 행동이 주어 자신에게 영향을 미친다. 바울은 자신이 로마교회를 위해 쉬지 않고 기도하는 것이 자기 자신을 위한 것임을 밝히고 있다.

"나의 그 기도 위에서"(**에피 톤 프로슈콘**)

프로슈콘의 기본형인 **프로슈케**는 **프로**(~을 향해)와 **유케**(기도)의 합성어로서 지성소에 들어가서 하나님의 얼굴 앞에서 드리는 기도를 말한다. 신약성경에 나오는 기도라는 단어의 대부분은 **프로슈케**이다. **유케**가 자신의 뜻을 소원으로 하나님께 드리는 기도라면, **프로슈케**는 하나님의 뜻을 가지고 하나님께 드리는 기도이다.

바울은 **프로슈케**의 기도를 할 때마다 로마교회를 쉬지 않고 언급하는데 그것은 로마교회를 위해서가 아니라 자기 자신을 위한 것이다. "행하다"를 의미하는 **포이우마이**가 중간태이기 때문이다. 바울은 자신이 항상(**판토테**) 하는 **프로슈케**의 기도가 자신의 영성에 지대한 영향을 미친다는 사실을 알고 있었던 것이다.

마가복음 9장에서 간질병 귀신들린 아이의 아버지가 예수님의 제자들에게 아이의 병을 고쳐달라고 찾아왔을 때 제자들은 치유하지 못하고 나중에 예수님이 오셔서 그 아이를 치유하는 장면이 나온다. 제자들이 "우리는 어찌하여 능히 그 귀신을 쫓아 내지 못하였나이까?"라고 묻자, 예수님은 "기도(**프로슈케**) 외에 다른 것으로는 이런 유가 나갈 수 없느니라."고 하였다.

프로슈케의 기도는 기도하는 사람의 영성에 지대한 영향을 준다. 하나님의 뜻을 가지고 하는 **프로슈케**의 기도는 응답이 목적이지만 기도를 꾸준히 할 때 우리의 영성이 크게 성장한다. 그러므로 능력 있는 하나님의 사람이 되려면 **프로슈케**의 기도를 꾸준히 하는 것이 중요하다.

(1:10)기도는 의지를 써서 간절히 해야 한다

(개역)어떻게 하든지 이제 하나님의 뜻 안에서 너희에게로 나아갈 좋은 길 얻기를 구하노라.

δεόμενος εἴ πως ἤδη ποτὲ εὐοδωθήσομαι ἐν τῷ θελήματι
나는 간구하고 있다 만일 어떻게 하든지 이제   어느 때에 좋은 길이 열려지기를   안에서 그   뜻

τοῦ θεοῦ ἐλθεῖν πρὸς ὑμᾶς.
그   하나님의 가기위한   에게   너희

(직역)나는 간구하고 있다 만일 어떻게 하든지 이제 어느 때에 하나님의 뜻 안에서 너희에게 가기 위한 좋은 길이 열려지기를.

바울은 로마의 그리스도인들에게 나아갈 길이 열리기를 하나님께 간구하고 있다. **데오메노스**(간구하면서)가 현재시제, 중수디포태인 것은 바울이 의지를 써서 간구하고 있음을 보여준다. **데오마이**는 간절히 구한다는 의미인데 신약성경에서는 **프**

로슈케와 함께 쓰일 때가 많다. 에베소 6장18절 "모든 기도(**프로슈케스**)와 간구(**데에세오스**)를 하되 항상 성령 안에서 기도하라"는 **프로슈케**의 기도를 하되 하나님께 간절히 하라는 것이다.

바울의 기도 제목은 로마교회에 가는 길이 순탄하게 열리는 것이었다. '만일'(**에이**)이라는 가정법 접속사는 어떤 일이 일어났거나 또는 일어날 것을 확신할 때 쓰인다. 바울은 '어떠하든지'(**포스**) 로마교회에 가기위한 자신의 기도가 이루어질 것을 확신하며 기도하고 있는 것이다.

'이제'(**에테**)라는 부사를 사용한 것은 지금이라도 이루어지기를 원하지만 '어느 때든지'(**포테**)라도 "하나님의 뜻 안에서" (**엔 토 델레마티 투 데우**) 이루어지기를 소망하는 바울의 심경이 담겨있다.

(1:11)바울이 나누어 주려한 신령한 은사는

(개역)내가 너희를 보기를 간절히 원하는 것은 어떤 신령한 은사를 너희에게 나누어 주어 너희로 견고하게 하려 함이니

ἐπιποθῶ γὰρ ἰδεῖν ὑμᾶς, ἵνα τι μεταδῶ χάρισμα ὑμῖν
나는 심히 원한다 왜냐하면 보기를   너희를 위하여 어떤 나누어주기   은사를   너희에게
πνευματικὸν εἰς τὸ στηριχθῆναι ὑμᾶς,
  영적인   속으로 하는 것   견고하게 되게   너희를

(작역)왜냐하면 나는 너희 보기를 심히 사모한다, 너희를 견고하게 되는 것 속으로(들어가게 하려고) 어떤 영적인 은사를 너희에게 나누어주기 위하여

바울이 로마교회에 가기를 심히 원한 것은 "어떤 신령한 은사"를 나누어 주기 위함"이다.

에피포도의 기본형인 **에피포데**는 무언가에 대한 강한 열정을 갖고 있는 것을 말한다. 현재시제, 능동태로 쓰였는데 바울이 그런 열정을 계속적으로 갖고 있음을 보여준다.

영적인(**프뉴마티콘**) 은사(**카리스마**)를 나누어주는 것을 전문용어로 '임파테이션'(impartation)이라고 한다. 우리말로는 '은사 전이'이다. 어떤 은사를 가진 사람이 안수를 통해 다른 사람에게 그 은사를 나누어주는 것으로 오늘날에도 이런 일이 종종 일어난다. "나누어주다"(**메다토**)가 아오리스트시제로 쓰였는데 은사전이는 순간적으로 이루어지기 때문이다.

왜 바울은 로마의 그리스도인들에게 영적인 은사를 임파테이션 해주려 했을까? 바울은 그 이유를 "너희를 견고하게 하려 함이다"고 말한다. 원문직역은 "너희를 견고하게 되는 것 속으로(들어가게 하려고)"이다. 여기서 견고하게 된다는 것은 믿음이 견고해지는 것을 의미한다.

그렇다면 바울이 로마교회의 그리스도인들에게 임파테이션 해주려는 신령한 은사는 무엇인가? 이에 대한 결정적 증거는 롬12장에서 찾아볼 수 있다.

> 우리에게 주신 은혜대로 받은 은사가 각각 다르니 혹 예언이면 믿음의 분수대로, 혹 섬기는 일이면 섬기는 일로, 혹 가르치는 자면 가르치는 일로, 혹 위로하는 자면 위로하는 일로, 구제하는 자는 성실함으로, 다스리는 자는 부지런함으로, 긍휼을 베푸는 자는 즐거움으로 할 것이라(롬12:6~8).

본문에 나오는 여러 은사 중에서 신령한 은사에 속한 것은 예언뿐이다. 바울은 예언의 은사를 믿음과 연관해서 말하고 있다. 예언은 믿음의 분수대로 해야 한다는 것이다. 따라서 롬1:11절에서 말하는 신령한 은사는 예언이라 할 수 있다.

(1:12)교회에서 예언의 은사가 중요한 이유

(개역)이는 곧 내가 너희 가운데서 너희와 나의 믿음으로 말미암아 피차 안위함을 얻으려 함이라.

τοῦτο δέ ἐστιν συμπαρακληθῆναι ἐν ὑμῖν διὰ τῆς ἐν
이것은 그런데 존재한다   내가 함께 권면되어지기 위하여 안에   너희   통하여 그것을 안에

ἀλλήλοις πίςτεως ὑμῶν τε καὶ ἐμοῦ.
진리   믿음을   너희의 또한 그리고 나의

(작역)그런데 이것은 너희 안에서 내가 함께 권면되어지기 위하여 존재한다 서로 안에(있는) 너희와 또한 나의 그 믿음을 통하여.

본문에서 바울은 왜 로마교회 신자들에게 예언의 은사를 임파테이션 하려 했는지를 두 가지로 말한다.

　①너희 안에서 함께 권면되어지기 위하여
　②서로 안에 있는 그 믿음을 통하여

한글개역에서 "피차 안위함을 얻으려"로 번역된 **쉼파라클레데나이**는 **쉰**(함께)과 **파라클레오**(옆에서 권면하다)의 합성어이다. 바울이 로마교인들에게 예언의 은사를 임파테이션 하려는 이유는 예언을 통하여 서로 안에 생겨난 "그 믿음을 통하여"(**디아 테스**) 함께 권면을 받기 위함이다. 원문에서 전치사 **디아**와

함께 쓰인 **테스**(소유격관사)는 뒤에 나오는 소유격 명사 **피스테오스**(믿음)을 수식한다. 이것은 교회 공동체가 예수 그리스도의 믿음을 소유하는 데 있어서 예언의 은사가 중요한 역할을 함을 보여준다.

한 번 이런 상상을 해 보자. 사도 바울이 현대의 한 교회를 방문했다면 어떤 일이 벌어지겠는가? 교회 마다 사도 바울을 강단에 모시려 할 것이고 신자들은 바울의 설교를 들으려고 몰려들 것이다. 또한 목회자들은 목회 전반에 대해 바울의 권면을 들으려 할 것이다. 하지만 정작 바울이 로마교회에 가려는 이유는 다른 데 있다. 예언의 은사를 임파테이션 해주고 예언을 통해 서로 간에 하나님의 말씀을 듣고 믿음을 돈독히 하도록 하기 위함이다.

교회에서 예언의 말씀은 어느 한 사람에 의해 독점되면 안 된다. 그래서 바울은 자신이 가지고 있는 예언의 은사를 로마 교인들에게 임파테이션 해서 그들의 입에서 나오는 예언의 말씀을 통해 서로 간에 하나님의 음성을 듣게 하려 했던 것이다.

기독교 역사를 보면 기독교 신앙이 본질을 잃어버리고 부패하게 된 중심에는 제사장 제도가 있다. 가톨릭교회가 부패한 것은 신부를 제사장으로 여기는 교회제도 때문이다. 개신교가 부패하는 것 역시 신학적으로는 만인제사장을 말하면서 실제로는 목사가 제사장 노릇을 하기 때문이다. 제사장 제도의 문제점은 하나님이 제사장인 성직자를 통해서만 말씀하신다는 것이다.

가톨릭교회에서는 교황의 말에 오류가 없다는 '교황무오설'을 주장한다. 이를 두고 개신교회는 교황도 인간인데 어떻게 오류가 없느냐고 반박한다. 하지만 진짜 문제는 교황의 말에 오류가 없다는 게 아니라 교황의 말에만 오류가 없다는 것이다. 교황뿐만이 아니라 하나님의 말씀을 전하는 모든 사역자의 말에는 오류가 없어야 한다. 만일 교회의 목사가 설교를 하기 전에 "내가 전하는 말씀은 오류가 있으니 내 말을 100% 믿지 마세요."라고 한다면 얼마나 우습겠는가?

예언자나 설교자처럼 하나님의 말씀을 맡은 자들은 자기 생각이 아니라 하나님의 말씀을 온전히 전해야 한다. 그리고 듣는 사람은 그것을 하나님의 말씀으로 받아야 한다. 데살로니가전서에서 바울이 예언을 멸시하지 말라고 하는 것은 이 때문이다(살전5:20).

하나님의 말씀을 맡은 자들은 하나님이 나를 통해서만이 아니라 다른 사람을 통해서도 말씀하실 수 있음을 인정해야 한다. 예언의 경우에는 더욱 그러하다. 성령의 시대에 하나님은 특정한 한 사람을 예언자로 세우는 게 아니라 예언의 은사를 가진 여러 사람 통해서 하나님의 뜻을 나타내신다.

고린도전서에서 바울은 교회에서 한 사람이 예언하지 말고 하나님의 말씀을 대언하는 여러 명의 예언자들이 둘러앉아 함께 예언할 것을 권면한다. 고린도교회의 예언의 은사를 받은 사람들이 자기만 예언하고 다른 사람의 예언을 들으려 하지 않았기 때문이다.

예언하는 자는 둘이나 셋이나 말하고 다른 이들은 분별할 것이요 만일 곁에 앉아 있는 다른 이에게 계시가 있으면 먼저 하던 자는 잠잠할지니라. 너희는 다 모든 사람으로 배우게 하고 모든 사람으로 권면을 받게 하기 위하여 하나씩 하나씩 예언할 수 있느니라. 예언하는 자들의 영은 예언하는 자들에게 제재를 받나니(고전14:29~32).

이처럼 예언의 은사를 가진 여러 명의 신자들이 둘러앉아 하나님의 말씀을 받고 서로 분별하는 것은 고린도교회 만이 아니라 모든 교회가 해야 할 일이다. 교회 안에서 여러 사람이 성령의 인도하심을 따라 예언을 하고 하나님의 뜻을 분별한다면 한 사람이 하나님의 말씀(**호 로고스**)을 독점하는 일은 없을 것이다. 특히 유교의 가부장 문화가 남아있는 한국교회에서 빈번히 발생하는 담임목사의 독재적 횡포가 없어지려면 하나님이 담임목사를 통해서만 말씀하신다는 생각부터 버려야 한다.

예수 그리스도는 자신이 택한 사람들을 누구는 사도로, 누구는 선지자로, 누구는 복음 전하는 자로, 누구는 목사와 교사로 삼으신다(엡4:11). 하지만 오늘날 교회의 문제는 사도직을 대신하는 총회장과 부흥사와 목사와 교사는 있지만 예언 사역을 하는 선지자가 없다는 것이다. 왜 오늘날 교회는 예언사역자를 세우지 않는 것일까? 이유는 스스로를 교회의 치리자로 생각하는 목사와 장로들이 하나님의 말씀을 받아 전하는 예언자들을 부담스러운 존재로 생각하기 때문이다. 구약시대 왕들이 선지자를 꺼려했던 것과 같은 이유이다.

성경은 "묵시가 없으면 백성이 방자히 행한다"(잠29:18)고 말한다. 이렇게 보면 오늘날 교회에 담임목사의 독재가 행해지고 이로 인해 불의한 일이 발생해도 그들의 횡포가 전혀 제어되지 않는 것은 교회 안에 예언자 직분을 맡은 자가 없기 때문이라 할 수 있다.

1:13-17
복음에는 하나님의 의가 나타난다

(1:13a) 로마교회에 가기를 여러 번 시도함

(개역)형제들아 내가 여러 번 너희에게 가고자 한 것을 너희가 모르기를 원하지 아니하노니 지금까지 길이 막혔도다

οὐ θέλω δὲ ὑμας ἀγνοεῖν, ἀδελφοί, ὅτι πολλάκις προεθέμην ἐλθεῖν
안 나는 원한다 그런데 너희가 모르기를 형제들아 ~라는것을 여러번 내가 시도했다는 오기를
πρὸς ὑμας, καὶ ἐκωλύθην ἄχρι του δεῦρο,
에게 너희 그리고 나는 막혔다 까지 그 지금

(직역)그런데 나는 너희가 모르기를 원하지 않는다, 형제들아, 너희에게 오기를 내가 여러 번 시도했다는 것, 그리고 내가 지금까지 막혔다는 것을,

바울은 로마교회에 가기를 여러 번 시도했지만 번번이 길이 막혔다. 바울은 그런 상황을 로마교회 신자들이 모르기를 원하지 않는다고 말한다. "나는 여러 번 시도했다"(**폴라키스 프로에데멘**)에서 동사 **프로에데멘**(시도하다)가 아오리스트시제, 중간태이다. 그리고 "(길이) 막혔다"(**에콜뤼덴**)는 아오리스트시제, 수동태이다.

아오리스트시제는 바울이 로마교회에 가려고 여러 번 시도한 것이 자신의 계획에 따른 것이 아니라 성령의 인도하심에 따라 순간적으로 된 것이며, 중간태는 스스로에게 그런 시도를 하게 했다는 것이다. 녹록치 않은 상황에서 바울은

성령의 인도하심을 따라 로마에 가려고 애썼지만 생각지 않게 로마로 가는 길이 막혔다. 이것은 성령의 인도하심에 따라 하는 일도 생각지 않게 이루어지지 않는 일이 있음을 보여준다. 바울은 이러한 자신의 심정을 로마교회 교인들이 알아주기를 바라고 있다.

(1:13b)바울이 로마교회에 가려 한 이유

(개역)이는 너희 중에서도 다른 이방인 중에서와 같이 열매를 맺게 하려 함이로되

ἵνα τινα καρπὸν σχῶ καὶ ἐν ὑμῖν καθὼς καὶ ἐν τοῖς
위하여   어떤   열매를   내가 갖기 그리고 안에 너희   처럼   그리고 안에서 그
λοιποῖς ἔθνεσιν.
야방인들   다른

(직역)어떤 열매를 내가 갖기 위하여, 그리고 너희 안에서 그리고 그 다른 이방인들 안에서처럼

바울은 로마교회에 가려했던 자신의 목적에 대해 말한다. 그것은 이방 지역에 자신이 세운 교회들에게 그러했듯이 로마교회에서도 열매를 맺는 것이다.

하나 티나 카르폰 스코(어떤 열매를 내가 갖기 위하여)에서 **스코**(갖다)가 가정법, 아오리스트시제이다. 그 열매를 맺는 것이 하나님의 은혜로 순간적으로 되는 일이지만(아오리트스시제) 그것이 반드시 된다는 보장은 없다는 것이다(가정법).

여기서 중요한 것은 바울이 로마교회 교인들의 열매가 아니라 바울 자신의 열매를 맺기를 원했으며, 그것도 생각지 않게 순간적으로 맺어지는 열매를 원했다는 것이다. 바울이

"내가 열매를 갖기 위함"이라고 한 것은 사역의 열매가 복음 전도자에게 달려있다는 것과 아오리스트시제를 사용한 것은 복음전도자의 의지보다 순간적 성령의 역사가 중요함을 보여준다.

바울이 맺으려 한 것은 복음의 열매이다. 로마교회에 제대로 된 복음을 전해서 그들이 하나님의 음성을 듣고 믿음으로 순종하는 자들이 되게 하는 것, 그래서 로마교회 교인들의 종교적 신앙을 복음적 신앙으로 바꾸는 것이 바울이 맺으려 한 열매이다. 사실, 바울은 로마교회만이 아니라 그가 세운 모든 교회가 이런 열매를 맺도록 혼신을 다해 사역하였다.

복음전도에서 중요한 것은 전도의 열심보다 전도자가 올바른 복음 위에 세워졌느냐 이다. 대부분의 이단교회를 보면 엄청난 전도의 열정을 가지고 있다. 하지만 그들의 전도가 무의미한 것은 잘못된 복음 위에 서있기 때문이다. 그들이 전도에 열정을 쏟으면 쏟을수록 잘못된 복음이 전파되어 예수님이 이루시려는 하나님 나라의 사역에는 도리어 해가 된다.

기독교 신앙에서 전도 보다 중요한 것은 올바른 복음의 열매를 맺느냐 하는 것이다.

(1:14) 복음에 빚진 자

(개역) 헬라인이나 야만인이나 지혜 있는 자나 어리석은 자에게 다 내가 빚진 자라

Ἕλλησίν τε καὶ βαρβάροις, σοφοῖς τε καὶ ἀνοήτοις ὀφειλέτης
헬라인들   또한 그리고 미개인들   지혜있는 자들 또한 그리고 무지한 자들   빚진 자로
εἰμί,
나는 존재한다

(직역) 헬라인들과 또한 그리고 미개인들에게, 지혜 있는 자들 또한 그리고 무지한 자들에게 나는 빚진 자로 존재한다.

"빚진 자로 나는 존재한다"(**오페일레테스 에이미**).

바울은 스스로를 헬라인과 야만인 그리고 지혜 있는 자와 어리석은 자 모두에게 빚진 자라고 말한다. 여기서 헬라인과 지혜 있는 자가 동의어이고 야만인과 어리석은 자가 동의어이다. 로마와 같이 문명이 발달한 지역에는 유식한 자와 무식한 자가 공존하는데 그들 모두에게 빚을 지고 있다는 말이다.

바울이 진 빚은 복음이다.

바울이 복음을 빚으로 비유하는 것은 빚진 자의 심정을 말하기 위함이다. 고리대금업자에게 빚진 자는 그 빚을 갚을 때까지 엄청난 심적 고통에 시달린다. 바울은 복음을 전하지 않을 때 받는 자신의 심적 고통을 은유로 말하고 있다. 바울이 다른 이방인 중에서와 같이 로마교회에 복음의 열매를 맺게 하려는 것도 빚진 자의 심정 때문이다.

그렇다면 바울에게 그 빚을 지게 한 사람은 누구인가?

그것은 바로 주 예수 그리스도이시다. 주님은 복음을 통한 구원의 은혜를 아무 대가없이 주지만 받는 사람은 그것을 빚으

로 여겨야 한다. 구원의 은혜를 모든 사람에게 전하여 주님의 제자로 삼으라는 명령이 우리에게 빚이 되어야 한다(마28:19-20).

값없이 주시는 예수 그리스도의 복음으로 구원을 받았는가? 그렇다면 당신은 주님께 빚진 자이다.

(1:15)먼저 교회가 복음화 되어야 한다

(개역)그러므로 나는 할 수 있는 대로 로마에 있는 너희에게도 복음 전하기를 원하노라

οὕτως τὸ κατ' ἐμὲ πρόθυμον καὶ ὑμῖν τοῖς ἐν Ῥώμη
이와같이   그(것) 따라서 나를   열정이 있는   그리고 너희에게 그(사람들인) 에   로마
εὐαγγελίσασθαι.
     복음을 전하기위해
(직역)복음을 전하기 위해 이와 같이 나를 따라서 그 열정 있는 것이 또한 로마에 (있는) 그 사람들인 너희에게도(있기를)

"그러므로 나는 할 수 있는 대로 로마에 있는 너희에게도 복음 전하기를 원하노라."

위의 한글개역의 번역은 무언가 이상하다. 이미 복음을 받아들인 로마교회에 바울이 복음을 전하기를 원한다고 한 것이 말이 안 된다.

한글개역을 원문과 비교해 보면 번역 상에 문제가 있음을 알 수 있다. 특히 한글개역에서 "나는 할 수 있는 대로"로 번역된 **토 카트 에메 프로뒤몬**에 문제가 있다. **프로뒤몬**은 '열정이 있는'이라는 형용사인데 앞에 있는 관사 **토**와 합쳐서 "그 열정이 있는 것"이 된다. 직역하면 "(나를 따라서) **토 프로뒤몬**(그

열정이 있는 것이) **휘민**(너희에게도) 있기를 원한다"가 된다.

바울은 자신에게 있는 그 복음전도의 열정이 로마교회 교인들에게도 있기를 소망하고 있는 것이다. 본문의 끝에 나오는 부정사 **유앙겔리사스다이**는 **토 프로뒤몬**과 연결되어 그 열정이 복음전도에 관한 것임을 보여준다.

그런데 부정사 **유앙겔리사스다이**(복음을 전하려는)가 아오리스트시제, 중간태로 쓰였다. 중간태는 동사의 행동을 받는 대상이 자기 자신인 경우에 쓰인다. 바울의 복음전도의 열정은 다른 사람에 대한 것이 아니라 자기 자신에 대한 것이다. 바울은 자신을 따라 로마교회 교인들도 스스로에게 복음을 전하려는 열정이 있어야 함을 강조하고 있는데 **유앙겔리사스다이**가 아오리스트시제인 것은 그런 열정이 자신의 의지가 아니라 성령에 의해서 생겨나는 것임을 보여준다.

당시 세계 교통의 중심지인 로마에 세워진 로마교회는 다른 이방지역의 어떤 교회보다 전도에 대한 열정이 강했다. 하지만 그들의 전도열정에 비해 그들의 신앙은 온전치 못하였다. 로마교회는 디아스포라 유대인들에 의해 세워진 교회이다. 마가의 다락방에 성령이 임할 때 유월절 행사에 참여했던 디아스포라 유대인 중에서 로마에서 온 사람들이 있었는데 그들 중에서 예수 그리스도를 믿은 사람들이 로마에 가서 교회를 세우고 로마에 있는 유대인들만이 아니라 이방인들에게도 복음을 전했던 것이다.

하지만 이렇게 세워진 로마교회는 유대교 율법주의에서 벗어나지 못한 게 문제였다. 어떻게 보면 사도 야고보나 베드로와 같은 대사도가 있는 예루살렘교회도 율법주의로 인해 문제가 발생했기에 유대인 크리스천들에 의해 자생적으로 세워진 로마교회가 율법주의에 빠진 것은 당연한 일인지도 모른다.

사도바울이 유대교 율법주의와 기독교 복음의 완전한 분리를 시도한 반면에 예루살렘 교회의 사도들은 유대교 율법주의에서의 분리가 제대로 되지 않았고 그로인해 유대교 율법주의와 기독교 복음이 혼합되는 양상이 생긴 것이다.

갈라디아서에는 베드로가 안디옥에 왔을 때 바울이 베드로를 책망한 내용이 나온다. 베드로가 이방인 그리스도인들과 식사를 하다가 야고보가 보낸 사람들이 오자 할례자들을 두려워하여 슬그머니 그 자리를 뜨자 이로 인해 그 곳에 있던 다른 유대인 크리스천들과 바나바까지도 자리를 뜨는 일이 벌어졌다. 이에 대한 바울의 날카로운 반응을 성경은 이렇게 기록하고 있다.

"그러므로 나는 그들이 복음의 진리를 따라 바르게 행하지 아니함을 보고 모든 자 앞에서 게바에게 이르되 네가 유대인으로서 이방인을 따르고 유대인답게 살지 아니하면서 어찌하여 억지로 이방인을 유대인답게 살게 하려 하느냐?"(갈2:14).

당시 세계의 중심에 위치했던 로마교회의 교인들은 복음 전도에 대한 열정이 가득했지만 복음전도자로서의 자질이 부족하였다. 그래서 바울은 그들에게 복음전도자는 다른 사람에게 복음을 전하기에 앞서 먼저 자신을 복음화 시키려는 열정이 있어야 한다고 말한 것이다.

바울 자신도 유대교 율법주의에서 기독교로 개종한 이후 자신을 복음화 하는 일에 열정을 다했다. 갈라디아서를 보면 바울은 다메섹에서 부활하신 예수 그리스도를 만난 다음 성령세례를 받고 사역을 시작하기 전에 홀로 아라비아 광야로 갔다. 바울은 아라비아 광야에서 자기 속에 계시로 나타나신 예수 그리스도와 친밀한 관계를 갖는 시간을 가졌으며 복음 전도자로서의 영적 자질을 갖추게 되었다. 복음전도자가 되려면 복음을 전하려는 열정에 앞서 자신을 먼저 복음 위에 세워놓으려는 열정이 있어야 한다.

(1:16a) 누가 복음을 부끄럽게 하는가

(개역)내가 복음을 부끄러워하지 아니하노니
οὐ γὰρ ἐπαισχύνομαι τὸ εὐαγγέλιον,
안   왜냐하면   부끄러워한다   그   복음을
(직역)왜냐하면 나는 그 복음을 부끄러워하지 않는다,

본문의 한글개역은 "나는 복음을 부끄러워하지 않는다"이

지만 원문직역은 "나는 복음을 조금도 부끄럽게 하지 않는다"이다. 동사 **에파이스퀴노마이**(절대로 부끄러워하다)가 중수디포태이기 때문에 "부끄럽게 하지 않는다"가 되어야 맞다. "부끄러워하지 않는다"와 "부끄럽게 하지 않는다"는 한 글자 차이지만 전혀 다른 의미가 된다.

그리스도인들 중에 복음이신 예수 그리스도를 부끄럽게 여기는 사람은 별로 없지만 부끄럽게 만드는 사람들은 많이 있다. 본문에서 바울은 복음 전도자로서 복음을 부끄럽게 만들지 않겠다는 다짐을 하고 있다.

오늘날 우리는 복음이 부끄럽게 여겨지는 시대에 살고 있다. 일전에 국회에서 매년 열리는 조찬기도회를 폐쇄하고 대통령이 참석하지 말아야 한다는 국민 청원이 청와대 게시판에 올라온 것을 보았다. 청원을 올린 사람들은 기독교가 적폐라는 것이다. 물론 우리나라 국민 모두가 이런 생각을 하는 것은 아닐 것이다. 하지만 문제는 이런 생각을 하는 사람들이 점점 늘어나고 있다는 것이다.

누가 복음을 부끄럽게 만드는가?

예수를 믿지 않는 자들이 아니라 예수를 믿지만 종교로 믿으면서 복음을 전하는 자들이다. 바울이 "나는 복음을 부끄럽게 하지 않겠다."고 공언하는 이유는 이 때문이다. 복음이 부끄러움을 당하지 않게 하려면 복음을 전하는 사람이 의로워야 한다. 예수를 종교로 믿는 사람이 불의를 행하면서 복음을 전하고 다닐 때 복음이신 그리스도는 세상에서 부끄러움을 당하게 된다.

(1:16b) 복음에는 구원의 능력이 있다

(개역)이 복음은 모든 믿는 자에게 구원을 주시는 하나님의 능력이 됨이라 먼저는 유대인에게요 그리고 헬라인에게로다

δύναμις γὰρ θεοῦ ἐστιν εἰς σωτηρίαν παντὶ τῷ πιστεύοντι,
능력은   왜냐하면 하나님의 존재한다 속으로   구원   모두에게 그(사람에게) 믿고있는

Ἰουδαίῳ τε πρῶτον καὶ Ἕλληνι.
유대사람에게   또한   첫째는   그리고   헬라사람에게

(직역)왜냐하면 하나님의 능력은 구원 속으로(들어가면서) 모두에게 존재한다, 첫째는 또한 유대사람에게 그리고 헬라인에게

복음이 세상 사람들에게 부끄러움을 당하지 않으려면 구원의 능력이 있어야 한다. 성경에서 말하는 구원(소테리아)은 "죄로부터의 구원"을 말한다. 죄로부터의 완전한 해방이 구원이며, 하나님은 우리를 죄로부터 완전히 해방시킬 수 있는 능력이 있으시다. 이것이 복음이 갖고 있는 구원의 능력이다.

하나님의 능력((뒤나미스 데우)은 예수 그리스도를 통하여 구원 속으로 들어가는 모든 사람에게 존재한다. 신약성경에서 **뒤나미스**는 하나님이 갖고 계신 신적 능력을 말한다. 이 단어에서 영어 다이너마이트가 나왔다. 무소부재하신 하나님의 전지전능하신 능력이다. 하나님은 의로운 능력으로 세상 사람들의 죄의 문제를 해결하신다.

박근혜 정부를 대신하는 문재인 정부는 선거공약으로 내세운 '적폐청산'을 실천 중이다. 죄를 짓고도 은폐하고 잘 살고 있는 자들을 찾아내어 법의 심판을 받게 하겠다는 것이다. 물론 그래야 한다. 법이 모든 사람에게 공정해야 하고 죄를 지은 사람들은 지위고하를 막론하고 법의 심판을 받는 게 마땅하다.

하지만 그런다고 한국 땅에 있는 적폐가 청산될까? 인간의 능력으로는 불가능한 일이다. 하나님은 이 땅에 모든 적폐가 청산되고 의로운 세상이 되길 원하지만 정치가 아니라 복음을 통해서이다.

복음은 인간을 죄에서 해방시키는 능력이 있다. 우리가 죽은 다음이 아니라 지금 살고 있는 이 세상에서 말이다. 부활하신 그리스도가 육신이 되어 우리 안에 오신 것은 우리로 하여금 죄에서 해방된 의인의 삶을 살도록 하기 위함이다. 하지만 복음이 전해진지 120년이 지난 지금 한국교회는 오히려 세상으로부터 적폐 소리를 듣는 처참한 지경이 되었다. 능력이 없는 빈껍데기 복음을 믿었기 때문이다.

복음은 첫째는 유대인에게 적용되어야 하고 그 다음에 헬라인에게 적용되어야 한다. 하나님을 믿는 자가 복음의 능력이 있어야 믿지 않는 자들에게 복음의 능력을 보여줄 수 있다. 2000년 기독교 역사가 증명하듯 복음의 능력을 상실한 교회가 할 수 있는 일은 아무 것도 없다. 썩은 냄새만 진동할 뿐이며, 맛을 잃은 소금이 길에 버려져 발에 밟히는 신세가 되듯이 하나님의 의로움을 상실한 복음은 세상으로부터 부끄러움을 당할 뿐이다.

(1:17a) 복음에는 하나님의 의가 나타난다

(개역) 복음에는 하나님의 의가 나타나서

δικαιοσύνη γὰρ θεοῦ ἐν αὐτῷ ἀποκαλύπτεται
의가　　　　왜냐하면　하나님의　안에서　그것　　　　계시　된다

(직역) 왜냐하면 하나님의 의가 그것 안에서 계시 된다

　복음으로 죄의 문제가 해결되는 게 정말 가능한가?

　이것은 기독교인들에게 매우 중요한 질문이며 꼭 해야 할 질문이다. 이런 질문을 하지 않기 때문에 기독교가 기복신앙이나 율법주의로 전락하게 된다.

　한글개역은 "복음에는 하나님의 의가 나타난다."이지만 원문직역은 "하나님의 의가 그것(복음) 안에서 계시되어진다."이다. 동사 **아포칼립데타이**의 기본형 **아포칼립토**는 "베일을 벗기다"라는 의미로 본문에서는 현재시제, 수동태로 쓰였다. 예수 그리스도의 복음 안에서 숨겨진 베일이 벗겨져서 하나님의 의가 날마다 계시된다는 말이다. 여기서 수동태는 신적 수동태이며 계시하는 주체는 하나님이시다. 하나님에 의해 베일이 벗겨져서 하나님의 의가 계시된다.

"그것 안에서"(**엔 아우토**)의 대명사 **아우토**(3인칭단수중성)는 앞 절에 나오는 **유앙겔리온**(복음)을 가리키는데 전치사 **엔**(안에서)과 함께 쓰였다. 베일이 벗겨져 하나님의 의가 계시되는 것이 "복음 안에서" 된다는 것이다. 예수 그리스도가 복음이므로 복음 안에서와 예수 그리스도 안에서가 같은 말이다. 여기서 바울의 신학인 **엔 크리스토스**(그리스도 안에서)가 나왔다. 복음이신 예수 그리스도 안에서 하나님의 의가 계시된다.

그렇다면 복음 안에서 계시되는 "하나님의 의"(**디카이오쉬네 데우**)는 무엇을 말하는가?

디카이오쉬네(의)는 형용사 **디카이오스**(의로운)에서 나온 말이다. 헬라어 **디카이오스**의 근원은 **디케**(δικη)인데 이것은 옳고 그름을 가려서 벌을 주는 것으로 **디카이오쉬네**는 옳고 그름을 가리는 법정 용어인 공의(justice)를 뜻한다.

디카이오쉬네의 성경적 의미를 알기위해 구약성경에서 이 단어가 어떻게 쓰였는지를 살펴보자. 구약성경을 헬라어로 번역한 70인역을 보면 히브리어 **체데크**가 **디카이오쉬네**로 번역되었다. **체데크**는 죄와 관련해서 올바르거나 정의로운 하나님의 속성을 의미한다. 히브리어에서 의와 관련된 단어는 **차디크**와 **야솨르**가 있다.

"여호와여 주는 의로우시고(**차디크**) 주의 판단은 공의로우니이다(**야솨르**)"(시119:137)

위 시편에서 보듯이 **차디크**는 하나님의 성품과 관련이 있고, **야솨르**는 하나님의 심판과 관련이 있다. 70인역에서 **디카이오쉬네**를 **야솨르**가 아닌 **차디크**로 번역한 것은 이 단어가 공의(judgement)보다는 정의(righteousness)의 개념을 갖고 있기 때문이다.

정의와 공의는 동전의 양면과 같다.

의라는 단어 앞에 바를 정(正)자를 써서 正義(정의)라고 하는 이유는 불의(不義)가 있기 때문이다. 저울추를 속이는 것이 불의이다. 올바르지 않은 일을 하는 게 불의이고, 올바르지 않은 사람을 옳다고 하는 것도 불의이다. 그리고 가장 심각한 불의는 옳고 그름을 가려서 공의의 심판을 해야 할 재판관이 의로운 것을 불의하다 하고, 불의한 것은 의롭다고 하는 것이다.

박정희 대통령 시해 사건 후 군부 쿠데타로 정권을 잡은 전두환 대통령은 '정의사회 구현'을 통치 슬로건으로 삼았지만 실제로는 불의를 일삼았다. 어쩌면 정의라는 말의 의미를 몰랐거나, 아니면 알면서 양심을 속인 것이다. 그래서 제5공화국 당시 사람들은 정의라는 말로 포장된 불의에 시달려야 했으며 이에 항거하는 사람들이 불같이 일어났다.

교회 역시 '하나님의 의'가 무엇인지 모를 때 하나님을 빙자한 불의를 행하게 된다. 기독교 역사를 보면 교회가 하나님의 의를 빙자한 불의를 행한 때가 많이 있었다. 교회의 불의는 성경이 말하는 하나님의 의를 잘못 이해할 때 생겨난다. "오직 의인은 믿음으로 말미암아 살리라"는 성경말씀을 오해하여 예수를 믿기만 하면 과거의 죄, 현재의 죄, 미래의 죄까지 모두 용서받고 죄 가운데 살아도 하나님이 의롭다고 여긴다고 믿는 기독교인들이 많이 있다. 그들의 논리는 인간은 근본적으로 죄인이기에 예수를 믿어도 죄 가운데 살 수밖에 없다는 것이다.

하지만 이런 식의 신학적 논리가 정말 성경적 진리인지 냉정히 생각해 보아야 한다. 우리가 예수를 아무리 잘 믿어도 불의하게 살 수 밖에 없다면 복음에 하나님의 의(righteousness)가 나타날 이유가 무엇인가? 예수 그리스도가 십자가에 죽으시고 부활하셨음에도 죄에서 벗어날 길이 없다면 예수 그리스도를 통해 이 땅에 이루어지는 하나님의 의로운 나라는 무슨 의미가 있는가?

성경에서 구속(redemption)이란 말은 "노예상태에서 해방되는 것"이며, 예수님은 우리를 죄의 노예상태에서 해방시키려 오신 분이다. 하나님은 예수 그리스도를 통해 죄에서 벗어나 의롭게 된 사람을 의롭다고 여기신다. 성경은 노아가 의인인 것은 그가 의로우신 하나님과 동행함으로 의로운 삶을 살았기 때문이라고 말한다.

"노아는 의인이요 당대에 완전한 자라 그는 하나님과 동행하였으며"(창6:9).

세상 사람들은 불의를 정의로 둔갑시키는 일을 곧잘 한다. 그래서 정의의 탈을 쓴 불의한 자들이 세상에 득세한다. 하지만 하나님은 절대로 불의를 정의로 탈바꿈하는 분이 아니시다. 하나님의 의가 아니고서는 절대로 이 땅에 하나님의 나라가 이루어질 수 없다. 기독교인도 마찬가지이다. 교회를 다닌다고 해서 모두 의롭게 되는 것이 아니다. 심지어 목사가 되고 장로가 되고 총회장이 된다고 의로운 사람이 되는 것도 아니다. 복음 안에 하나님의 의가 나타난 것은 거짓된 인간의 의로는 이 땅에 정의로운 나라가 이루어질 수 없기 때문이다. 그렇다면 어떻게 우리는 복음 안에서 계시된 하나님의 의를 소유할 수 있을까?

(1:17b) 믿음으로 믿음에 이르게 하나니

(개역) 믿음으로 믿음에 이르게 하나니
ἐκ πίστεως εἰς πίστιν,
부터   믿음   속으로 믿음
(직역) 믿음으로부터 믿음 속으로(들어가도록)

"복음에는 하나님의 의가 나타나서 믿음으로(**에크 피스튜오스**) 믿음에(**에이스 피스틴**) 이르게 하나니"

믿음이라는 명사 앞에 두 개의 전치사 **에크**와 **에이스**가 나온다. **에크**는 발단을 나타내는 전치사이고 **에이스**는 목적지에 도달하는 것을 나타내는 전치사이다. 믿음에서 시작해서 믿음의 목적지에 도달한다는 말이다. 이것은 처음부터 끝까지 믿음이라는 말이며 "오직 믿음"이라는 말이 된다.

본문은 루터의 종교개혁의 원동력이 되었던 구절이다. 주님은 루터를 사용해 종교개혁을 하실 때 이 말씀을 종교개혁의 화두로 사용하였다. 이 구절에 기독교 복음의 핵심이 담겨있다. 우리는 복음에는 하나님의 의가 나타난다는 것과 믿음으로 하나님의 의를 이룰 수 있다는 복음의 진리를 명심해야 한다.

종교개혁자 루터는 로마서1:17절을 번역하면서 "오직 의인은 믿음으로 살리라"고 하였다. 헬라어 원문에는 "오직"이라는 말이 없다. 그렇다고 루터가 성경의 의미를 변질시킨 것은 아니다. **에크 피스테오스 에이스 피스틴**(믿음에서 믿음 속으로)가 오직 믿음이라는 의미를 담고 있기 때문이다.

루터의 종교개혁은 가톨릭교회가 믿음이 아닌 다른 것을 붙든 것에 대한 반발이다. 천주교의 교리는 천국에 가려면 교회가 정한 법과 종교예식을 따라야 한다고 가르친다. 특히 교회에서 정한 7성사를 중요시한다. 가톨릭교회의 7성사는 다음과 같다.

①세례성사: 입교를 위해 물로 씻는 성사

②견진성사: 세례받은 신자들이 더욱 성숙한 그리스도인이 되도록 성령을 받는 성사

③성체성사: 미사 중에 빵과 포도주를 축성하여 그리스도의 몸과 피(성체)를 우리 몸에 모시는 거룩한 성사

④고해성사: 세례성사를 받은 후 지은 죄를 고백하는 성사

⑤혼인성사: 남자와 여자가 하느님과 공동체 앞에서 계약을 맺고 결합하는 성사.

⑥신품성사: 신부가 되기 위해 받는 성사

⑦병자성사: 병을 앓고 있거나 임종의 위험이 있는 신자들을 돕는 성사.

가톨릭교회는 7성사와 같은 교리를 충실히 지키는 것을 믿음으로 여긴다. 그들이 마리아를 성모로 높이는 것도 교리에 정해져 있기 때문이며, 루터 당시 종교개혁의 원인이 되었던 면죄부 판매도 교회에서 정한 규범에 따른 것이다. 이에 대해 루터는 그리스도인의 구원을 위해서는 오직 믿음이면 충분하다고 하였으며 로마서1장17절을 그 근거로 삼았다.

나는 루터가 종교개혁을 한 것은 매우 잘한 일이며 하나님의 뜻이라고 본다. 하지만 루터의 후예들이 "오직 믿음"을 "예수천당 불신지옥"으로 이해한 것은 잘못이다. 오늘날까지 한국교회가 "예수천당 불신지옥"을 기독교의 구원으로 보는 것은 500년 전 루터의 신앙에서 한 발자국도 나아가지 못했기 때문이다.

로마서1장17절에서 말하는 믿음은 예수를 믿기만 하면 천

당에 간다는 것이나, 예수를 믿으면 하나님이 복을 주신다는 그런 의미가 아니다. 그렇다고 내 말을 우리가 죽은 후에 가는 천당이 없다거나, 예수 믿는 자에게 하나님이 복을 주시지 않는다는 말로 오해하면 곤란하다. 성경이 말하는 믿음이 그런 것이 아니라는 것이다.

종교적 믿음과 성경이 말하는 믿음을 구별해야 한다. 죽어서 천당에 간다거나 하나님이 나의 문제를 해결해 주실 거라는 믿음은 종교적 믿음이다. 반면에 성경이 말하는 믿음은 하나님이 이 땅에 의로운 하나님의 나라를 이루실 것을 믿고, 그분의 말씀을 듣고 믿음으로 순종하는 것이다.

성경에서 이런 믿음을 가졌던 사람이 바로 아브라함이다. 아브라함이 100세에 아들 이삭을 낳을 수 있었던 것은 이 믿음 때문이며, 독자 이삭을 번제로 하나님께 드릴 수 있었던 것도 이 믿음이 있었기 때문이다. 하나님이 아브라함을 믿음의 조상으로 삼은 것은 이스라엘 백성들이 아브라함과 같은 믿음을 갖도록 하기 위함이다. 교회가 아브라함의 믿음을 본받으라고 설교하는 것은 이 때문이다. 이런 점에서 아브라함의 믿음은 기독교 복음과 긴밀한 관계가 있다.

이스라엘 백성의 신앙의 목표가 아브라함의 믿음을 갖는 거라면 기독교인들의 신앙의 목표는 예수 그리스도의 믿음의 분량에 이르는 것이다. 하나님이 우리에게 요구하시는 것은 단순한 종교적 믿음이 아니라 하나님의 의를 나타내는 아브라함의 믿음과 예수 그리스도의 믿음을 갖는 것이다. 아브라함의 믿음과 예수 그리스도의 믿음은 본질적으로 같은 믿음이다. 성경이 아브라함의 믿음과 예수 그리스도의 믿음을 동등선 상에 놓고 비교하는 것은 이 때문이다. 아브라함의 믿음이 이스라엘이 가져야 할 믿음이라면 예수 그리스도의 믿음은 그리스도인들이 가져야 할 믿음이다. 오직 예수 그리스도의 믿음을 통해서 우리는 하나님의 의를 나타내는 의인이 될 수 있다(롬3:22).

(1:17c)의인은 믿음으로 자신을 살릴 것이다

(개역) 기록된 바 오직 의인은 믿음으로 말미암아 살리라 함과 같으니라

Ο δε δίκαιος ἐκ πίστεως ζήσεται.
그 (그런데) 의인은   부터   믿음으로   (자신을)살릴 것이다

(직역)그런데 그 의인은 믿음으로부터 자신을 살릴 것이다

   한글개역은 "오직 의인은 믿음으로 말미암아 살리라"이지만 원문직역은 "의인은 믿음으로 (자신)을 살릴 것이다"이다. 동사 **제세타이**의 기본형인 **자오**(살다)의 성경적 의미는 목숨이 살아있는 것이 아니라 하나님과의 영적관계가 살아있다는 것이다. 예수 그리스도의 생명을 소유한 상태를 말한다.

   제세타이가 중간태, 미래시제로 쓰였다. 중간태는 자신을 살린다는 의미이다. 의인이 되려면 먼저 자신을 살려야 한다.

예수 그리스도의 생명(조에)으로 자신을 살린 사람이 다른 사람도 살릴 수 있다.

유대파와 헬라파로 나뉘어 서로 자신들이 의롭다고 다투고 있는 로마교회를 향한 바울의 일침은 "너나 잘해라"이다. 종교적 믿음을 가지고 서로 잘났다고 다투지 말고 '예수 그리스도의 믿음'으로 먼저 자신을 살리라는 것이다.

누가 의인인가? 예수 그리스도의 믿음으로 자신의 생명을 살린 사람이 의인이다. 믿음이 없이는 아무도 예수 그리스도의 생명을 소유할 수 없으며 또한 다른 사람에게도 그 생명을 줄 수 없다. 전도해서 교회 안에 사람들을 채우는 것도 중요하지만 그보다 더 중요한 일은 교회 안에 있는 사람들이 예수 그리스도의 믿음으로 자신을 살리는 의인이 되게 하는 것이다.

이게 안 되면 교회는 거짓 믿음으로 자신을 포장한 바리새인들이 집합체가 될 것이며 물질 우상인 맘몬을 섬기는 기복신앙이 될 것이다. 그리고 결국은 멸망에 이르게 될 것이다. 하나님의 선민인 이스라엘이 그런 신앙으로 인해 멸절당한 것을 성경을 통해 볼 수 있다. 출애굽한 이스라엘이 믿음을 상실하고 금송아지 우상을 섬기다 약속의 땅인 가나안에 들어가지 못하고 광야에서 죽어 시체가 된 것을 우리는 타산지석으로 삼아야 한다.

Ch.2
복음을 상실하면
심판이 온다

1:18-23

하나님은 왜 진노하시는가

(1:18a) 하나님의 진노가 불의한 자들에게 나타남

(개역)하나님의 진노가 하늘로부터 나타나나니

'Ἀποκαλύπτεται γὰρ ὀργὴ θεοῦ ἀπ' οὐρανοῦ
그것이 계시된다   왜냐하면 진노가 하나님의 부터 하늘

(직역)왜냐하면 하나님의 진노가 하늘로부터 계시된다.

"하나님의 진노가 하늘로부터 나타나고 있다"에서 동사 **아포칼립데타이**의 기본형 **아포칼립토**는 "베일을 벗기다"라는 의미이다. 우리말 성경에서는 주로 "계시하다"로 번역되며 하나님이 세상에 자신을 나타내실 때 사용된다. 요한계시록의 계시도 이 단어에서 왔다.

아폴칼립데타이(그것이 계시되고 있다)는 현재시제, 수동태이다. 하나님의 진노가 계속적으로(현재시제) 계시된다(수동태) 미래의 종말의 때에 그렇게 된다는 것이 아니라 지금 그렇게 되고 있다는 것이다.

지성소에 계신 하나님은 당신의 모습을 여간해서는 드러내지 않으시며 감정도 잘 표출하지 않으신다. 그런데 하나님의 진노가 하늘로부터 계시되고 있다는 것은 심각한 일이 일

어났음을 보여준다. 하나님의 심판이 임박한 것이다.

소유격 명사인 **우라누**의 기본형은 **우라노스**이다. **우라노스**가 성경에서 관사가 없는 단수로 사용될 때에는 하나님이 계신 영원한 하늘을 뜻한다. 왜 영원한 하늘에서 이 세상을 지켜보시는 하나님이 진노하시는가?

(1:18b)하나님이 진노하시는 이유

(개역)불의로 진리를 막는 사람들의 모든 경건하지 않음과 불의에 대하여

ἐπὶ πᾶσαν ἀσέβειαν καὶ ἀδικίαν ἀνθρώπων τῶν τὴν
위에서 모든 불신앙 그리고 불의 사람들의 그 그

ἀλήθειαν ἐν ἀδικία κατεχόντων,
진리를 안에서 불의 굳게 붙드는 자들

(직역)그 진리를 불의 안에서 굳게 붙드는 자들인 그 사람들의 모든 불신앙과 불의 위에서

왜 하나님은 하늘에서 진노하시는가?

한글개역은 하나님의 진노가 "불의로 진리를 막는 사람들의 모든 경건하지 않음과 불의에 대하여" 하늘로부터 나타난다고 말한다. 여기서 "불의로 진리를 막는 사람들"이라 함은 기독교를 핍박하는 세상 사람들을 가리키는 것처럼 보인다. 하지만 한글개역과 원문을 비교해 보면 오역이 하나 발견되는데 그것은 본문의 끝에 나오는 **카테콘톤**이라는 동사이다.

한글개역에서 "막는"으로 번역된 **카테콘톤**의 기본형은 **카테코**인데, **카타**(강세형접두어)+**에코**(갖고 있다)의 합성어로서 "(무언가를) 꽉 붙들고 있는 것"을 말한다. 우리말로는 "고수하

다"이다. 한글개역에서는 "불의로 진리를 막는 사람들"인데 원어직역은 "불의 안에서 그 진리를 굳게 잡고 있는 사람들"이 된다. 정반대의 의미이다. 한글개역이 이런 식으로 번역한 것은 하나님의 진노의 대상이 기독교인이 아니라고 단정했기 때문이다. 하지만 바울이 말하는 "불의 안에서 그 진리를 고수하는 사람들"은 비기독교인을 언급한 것이 아니라 말씀대로 산다고 하면서 실제로는 불의를 행하는 기독교인들을 가리킨 것이다.

기독교인 중에는 성경의 진리를 고수하겠다는 사람들이 많이 있다. "오직 성경, 오직 말씀"을 외치면서 성경의 진리를 고수하고 성경 말씀대로만 살겠다고 다짐한다. 심지어는 이단들도 자신들이 성경주의자라고 주장하면서 성경구절을 입에서 줄줄 꿰어낸다. 그런데 문제는 그들에게서 불의가 나타난다는 것이다.

돈 문제, 여자 문제로 교회를 더럽히고, 교회 권력을 잡기 위해 당을 지어 죽기 살기로 싸운다. 심지어는 자신을 하나님의 자리에 올려놓는 신성모독까지도 범한다. 문제는 그런 짓을 하면서도 자신들은 성경의 진리를 고수한다고 입버릇처럼 말하는 것이다. 예전에 세월호로 문제를 일으킨 구원파 교주의 장례식에서 성경을 관에 넣는 장면을 TV에서 본 적이 있다. 그 교주는 자신이 죽으면 성경 한권만 자기 관에 넣어달라는 유언을 했다고 한다.

왜 예수 믿는 사람들이 성경의 진리를 고수한다고 하면서 불의를 행하는가? 그것은 성경의 진리를 불의 안에서 고수하기 때문이다. 그들은 진리 안에 있다고 하면서 자신들이 저지르는 불의가 불의인 것조차 모른다. 하나님이 하늘에서 진노하시는 이유는 바로 이 때문이다.

"그 사람들의 불의"(**아디키안 안드로폰 톤**)에서 사람들(**안드로폰**)에 정관사 **톤**을 붙인 것도 일반 사람이 아니라 그리스도인을 가리킨다. 또한 "불의"(**아디키안**)와 등위접속사 **카이**로 연결된 "모든 불경건"(**파산 아세베이안**)은 불의가 하나님에 대한 불경건한 태도에서 나온 것임을 보여준다. **아세베이안**은 하나님에 대한 신실하지 않은 신앙을 의미한다. 기독교인들이 행하는 모든 불의는 하나님에 대한 잘못된 신앙에서 비롯된 것이다.

(1:19)그들 속에 하나님을 알게 하셨으므로

(개역) 이는 하나님을 알 만한 것이 그들 속에 보임이라 하나님께서 이를 그들에게 보이셨느니라

διότι τὸ γνωστὸν τοῦ θεοῦ φανερόν ἐστιν ἐν αὐτοῖς·
이로인해 그 알만한 것이 그 하나님의 나타난(상태로) 존재한다 안에서 그들

ὁ θεὸς γὰρ αὐτοῖς ἐφανέρωσεν.
그 하나님 왜냐하면 그들에게 (그가)보여주셨다

(작역)이로 인해 그 하나님의 그 알만한 것이 나타난다 그들 안에서 왜냐하면 하나님이 그들에게 보여주셨기 때문이다

이제부터 바울은 복음의 진리를 불의 안에서 고수하는 사람들에게 하나님이 진노하는 이유에 대한 구체적인 설명을

한다. **토 그노스톤 투 데우**를 한글개역은 "하나님을 알만한 것"으로 번역했는데 원문을 직역하면 "하나님의 그 알려진 것"이다. 여기서 형용대명사인 **그노스톤**의 기본형인 형용사 **그노스토스**는 "알려진"이라는 의미로 **토 그노스톤**은 "그 알려진 것"이 된다. 이 단어의 어원은 **기노스코**로서 관계를 통해서 아는 것을 말하며 히브리어 **야다**와 같은 의미이다.

여기서 소유격 명사인 **투 데우**를 목적어의 용법으로 보면 하나님에 대해 알려진 것이 되고 주어의 용법으로 보면 하나님에 의해 알려진 것이 된다. 한글개역에서 "하나님을 알만한 것이"는 목적어의 용법으로 보았지만 원어직역은 주어의 용법으로 "하나님에 의해 알려진 것"이다. 우리가 하나님을 **기노스코(야다)**로 아는 것은 하나님이 우리에게 자신을 계시할 때만 가능하다.

이것은 이어지는 주격 형용사 **파네론**과 연결해보면 분명해진다. 한글개역에서 **파네론**은 "(빛을) 비추어서 가리어진 것을 드러내는 것"을 의미한다. 하나님과의 관계 맺음을 통해 하나님에 대해 모르던 것이 하나님에 의해 알려진다.

이어지는 바울의 보충설명을 보자.

"왜냐하면 하나님이 그들에게 나타내 보이셨다"(**호 데오스 가르 아우토이스 에파노레센**). 여기서 **에파노레센**의 기본형 **파네루**는 앞에 나온 형용사 **파네론**의 동사로 "(비치어)나타내다"라는 의미이다. 아오리스트시제로 쓰였는데 하나님이 우리에게 하나님과의 **기노스코**의 관계를 순간적으로 나타내셨다는 것이다. 하나님께서 성령으로 거듭난 그리스도인들 속에 복음이신 예수 그리스도를 순간적으로 나타내신다(**에파네로센**). 이렇게 보면 앞 절에서 언급된 "불의 안에서 진리를 고수하는 사람들"은 성령으로 거듭나 복음의 진리를 고수하면서도 불의를 행하는 사람들로 보아야 한다. 성령으로 거듭난 그리스도인일지라도 잘못된 신앙에 빠지면 불의를 행할 수 있다는 것이다.

(1:20a)자연계시를 말하는 게 아니다

(개역)창세로부터 그의 보이지 아니하는 것들 곧 그의 영원하신 능력과 신성이 그가 만드신 만물에 분명히 보여 알려졌나니

τὰ γὰρ ἀόρατα αὐτου ἀπὸ κτίσεως κόσμου τοῖς ποιήμασιν
그 왜냐하면 보이지 않는 것들이 그의 부터 창조로 세상의 그 만드신 것들에게
νοούμενα καθορᾶται, ἥ τε ἀίδιος αὐτου δύναμις καί θεότης,
깨닫게 되면서 분명히 보여진다 그 모두 영원하신 그의 능력에 그리고 신성에

(직역)왜냐하면 창조로부터 그의 그 보이지 않는 것들이 그 만드신 것들에게 깨닫게 되면서 분명히 보여지고 있다, 그 영원하신 그의 능력과 신성 모두에

조직신학에서 본문을 '자연계시'라고 부른다. 하나님이 창조하신 만물을 보고 하나님을 알 수 있다는 것이다. 반면에 하나님이 성경과 예수 그리스도를 통해 자신을 계시한 것을 '특별계시'라고 부른다. 하지만 우리는 '자연계시'라는 게 정말 존재하는지 따져 보아야 한다. 성경에는 자연계시를 통해 여호와 하나님을 안 사람이 한 명도 없기 때문이다. 도리어

사람들은 자연을 보고 그것을 신으로 섬기는 데 그것이 바로 우상숭배이다. 문제는 한글개역에서 이 부분을 자연계시처럼 보이게 번역했다는 것이다.

"창세로부터 그의 보이지 아니하는 것들 곧 그의 영원하신 능력과 신성이 그가 만드신 만물에 분명히 보여 알려졌나니"

한글개역의 번역대로라면 자연계시가 맞다. 창세부터 하나님의 능력과 신성이 그가 만드신 만물에 분명히 보여 알려져 왔다는 것이다. 하지만 한글개역이 "만물에 분명히 보여 알려졌나니(카도라타이)"에서 동사 카도라타이를 현재완료로 번역했는데 원문은 현재시제이다. 창세로부터 지금까지 알려져 온 것이 아니라 지금 알려지고 있다는 것이다.

또한 원문을 보면 창세로부터(아포 크리세오스)는 "분명히 보여진다"(카도라타이)를 수식하기보다는 그 앞에 나오는 "보이지 않는 것들"(타 아오라타)을 수식한다. 직역을 하면 "세상의 창조 때부터 그분의 보이지 아니하는 것들이 그가 만드신 것들에게 깨달아지면서 분명히 보이고 있다"이다.

이렇게 보면 본문은 자연계시에 대한 언급이기보다는 도리어 그 반대가 된다. 창세 때부터 하나님이 만드신 것들에게 보이지 않았던 하나님의 신적 속성이 지금 깨달아지면서 분명히 보인다는 것이다. 바울은 하나님의 계시에 있어서 예수님이 오시기 전과 오신 후의 차이를 말하고 있다.

여기서 원문을 통해 좀 더 자세히 살펴볼 부분은 **노우메나 카도라타이**(깨닫게 되면서 분명히 보인다)이다. **노우메나**의 기본형은 **노에오**로 "마음으로 인식하다"라는 의미이다. 현재분사, 수동태인 **노우메나**는 마음으로 인식되어지면서 명백히 보인다(**카도라타이**)는 것을 보여준다. 주시해야 할 것은 현재분사인 **노우메나**와 연결된 동사 **카도라타이**가 모두 수동태라는 점이다. 우리 안에 계신 예수 그리스도를 통하여 마음에 인식되고 분명히 보이게 된다는 것이다.

여기서 "그 보이지 않는 것들은"의 실체는 콤마 뒤에 나오는 "그의 영원하신 능력과 신성"이다. 하나님의 신적인 능력(**뒤나미스**)과 신성(**데이오테스**)이 우리 안에 계시된 예수 그리스도를 통해 마음에 인식되면서 분명히 보이게 된다.

(1:20b) 분명한 계시로 도저히 변명할 수 없음

(개역)그러므로 그들이 핑계하지 못할지니라
εἰς τὸ εἶναι αὐτοὺς ἀναπολογήτους,
속으로 것 존재하는 그들이 변명하지 못하는(상태로)
(직역)그들이 변명하지 못하는(상태로) 존재하는 것 속으로(들어가면서)

하나님은 창세부터 보이지 않던 하나님의 신성과 능력을 복음이신 예수 그리스도를 통해 우리 안에 계시하신다. 이는 우리의 마음에 인식되고 분명히 보이게 함으로써 예수 그리스도를 영접한 사람이 어떤 변명도 하지 못하도록 하기 위함이다. **아나폴로게투스**는 부정을 나타내는 접두사 **아**와 **아폴로게오마이**(변명하다)의 합성어로 "변명하지 못한다"이며 법정에서 자신을 변호하는 데 쓰는 말이다.

마태복음 7장에서 예수님은 "나더러 주여 주여 하는 자마다 천국에 들어갈 것이 아니요 다만 하늘에 계신 내 아버지 뜻대로 행하는 자라야 들어가리라"고 말씀하신다. 그리고 최후 심판의 자리에서 자신을 변호하는 자들에 대해 이렇게 말씀하신다.

"그 날에 많은 사람이 나더러 이르되 주여, 주여, 우리가 주의 이름으로 선지자 노릇하며 주의 이름으로 귀신을 쫓아내며 주의 이름으로 권능을 행하지 아니하였나이까 하리니 그 때에 내가 그들에게 밝히 말하되 내가 너희를 도무지 알지 못하니 불법을 행하는 자들아 내게서 떠나가라 하리라."(마9:22-23).

왜 심판 때에 예수님은 주의 이름으로 선지자 노릇을 하고 귀신을 쫓아내고 권능을 많이 행한 사람들에게 모른다고 하실까? 그것은 그들이 예수 믿고 성령세례를 받았음에도 은사 사역에만 집중할 뿐 살아계신 예수 그리스도의 음성을 듣고 그 말씀에 순종하는 삶을 살지 않았기 때문이다.

부활하신 그리스도가 예수를 주로 영접한 사람들 안에 들어오신 이유는 하나님의 말씀(**호 로고스**)으로 사는 그리스도인이 되게 하기 위함이다. 바울이 "내가 그리스도와 함께 십자가에 못 박혔나니 그런즉 이제는 내가 사는 것이 아니요 오직 내 안에 그리스도께서 사시는 것이라"(갈2:20)고 한 것은 그리스도인이 하나님의 뜻대로 사는 것은 말씀이신 그리스도 안에 거하는 삶뿐임을 나타낸 것이다. 성령 받은 그리스도인이 자기 안에 계신 말씀이신 그리스도를 인식하지 못하고 그분의 음성을 듣고 말씀에 순종하는 삶을 살지 않는다면 그래서 하나님의 뜻대로 살지 못한다면 어떤 핑계도 용납되지 않을 것이다.

(1:21a)하나님을 알면서도 영화롭게 아니함

(개역)하나님을 알되 하나님을 영화롭게도 아니하며 감사하지도 아니하고
διότι γνόντες τὸν θεὸν οὐχ ὡς θεὸν ἐδόξασαν ἢ ηὐχαρίστησαν,
이로인해 알면서도 그 하나님을 않았다 으로서 하나님 영화롭게 하지 또는 감사하게 되지
(직역)이로 인해 그 하나님을 알면서도 하나님으로서 그들은 영화롭게 하지 또는 감사하게 되지 않았다

문두접속사인 **디오티**(이로 인해)는 앞 절에 나오는 내용 즉 창세로부터 보이지 않았던 하나님의 능력과 신성이 복음으로 인해 분명히 보이게 되고 마음에 인식된 것을 말한다. 이로 인해 하나님과의 영적관계가 형성된다.

본문의 첫마디인 "하나님을 알되"(**디오티 그논테스 톤 데온**)에서 **그논테스**의 기본형인 **기노마이**는 하나님을 알되 친밀한 관계를 통해 아는 것을 말한다. 70인역은 히브리어 **야다**를 **기노마이**로

번역했는데 **야다**는 남녀가 결혼생활을 통해 서로를 아는 것을 말한다.

분사인 **그논테스**가 아오리스트시제로 쓰인 것은 예수 그리스도가 주시는 성령을 받고 하나님을 순간적으로 알게 되기 때문이다. 그런데 문제는 내 안에 계신 예수 그리스도를 하나님으로 알면서도 그분을 영광스럽게 하지도 않고, 그분으로 인한 감사도 없다는 것이다.

한글개역은 "하나님을 알되 하나님을 영화롭게도 아니하며"로 번역했지만 원문을 보면 앞에 나오는 **톤 데온**(그 하나님)은 관사가 있고 뒤에 나오는 **데온**(하나님)은 관사가 없다. 앞에 나오는 하나님은 성부 하나님을 가리키고 뒤에 나오는 하나님은 성자 하나님을 가리킨다. 성령을 받고 하나님을 알게 된 후에도 자기 안에 계신 예수 그리스도를 하나님으로 **(호스 데온)** 영화롭게 하지도 않고 그분으로 인한 감사도 없다는 것이다.

에독사산(영광스럽게 하다)의 기본형인 **독사**는 "(하나님의) 위엄이 나타나는 것"을 말한다. 하나님의 위엄은 찬란한 빛과 함께 나타나는데 그것이 바로 "하나님의 영광"(독사)이다. **에독사산**이 아오리스트시제, 능동태인 것은 하나님을 영광스럽게 하는 일이 우리의 의지가 아닌 성령의 역사로 되기 때문이다. 우리가 성령의 인도하심을 따라 하나님의 의를 나타내는 삶을 살 때 하나님을 영광스럽게 할 수 있다.

하나님의 영광은 세상에 정의가 세워질 때 나타난다. 하나님이 우리를 하나님의 자녀로 삼으신 이유는 예수 그리스도를 통해 하나님의 의를 나타내도록 하기 위함이다. 만일 우리가 예수 그리스도를 믿는다고 하면서 불의를 행한다면 도리어 하나님의 영광을 가로막고 하나님을 욕되게 할 것이다. 이로 인해 하나님은 하늘에서 진노하신다.

우크 에위카리스테산(감사하지도 아니하고)가 아오리스트시제, 수동태로 쓰였다. 내가 만들어낸 감사가 아니라 하나님의 은혜로 순간순간 되는 감사이며, 그리스도 안에서 성령의 인도하심을 따라 사는 사람만이 할 수 있는 감사이다. 성령의 인도하심을 따라 살면 우리의 삶 속에서 이런 감사가 순간순간 나올 것이다.

(1:21b) 오히려 생각이 허망해지고 어두워짐

(개역) 오히려 그 생각이 허망하여지며 미련한 마음이 어두워졌나니

ἀλλ' ἐματαιώθησαν ἐν τοῖς διαλογισμοῖς αὐτῶν καὶ ἐσκοτίσθη
그러나 그들은 허망해졌다 안에서 그 생각들 그들의 그리고 어두워졌다
ἡ ἀσύνετος αὐτῶν καρδία.
그 지각이 없는 그들의 마음이

(직역) 그러나 그들은 허망해졌다 그들의 그 생각들 안에서 그리고 그 지각이 없는 그들의 마음이 어두워졌다

우리가 성령의 인도하심을 따르는 의로운 삶을 통해 하나

님의 영광을 나타내지 못하면 도리어 그 반대 현상이 나타날 수 있다. 그리스도인들로 인해 하나님의 영광이 가리어지고 예수님의 이름이 더럽힘을 받는다. 기독교 역사를 보면 이런 일들은 많이 있었으며 오늘날에도 여전히 일어나고 있다.

"그 생각이 헛되게 되며"에서 정관사가 있는 "그 생각들"(**토이스 디알로기스모이스**)은 인간의 생각이 아니라 말씀(**호 로고스**)이신 그리스도로부터 온 특별한 생각을 말한다. 말씀이신 그리스도로부터 온 생각이 헛되게 된다는 것은 저들이 하나님의 뜻을 이해하지 못한다는 것을 의미한다.

한 번 성령을 받은 사람이 성령을 소멸하면 다시 옛날로 돌아가게 된다. 예수를 믿으면서도 성령의 인도하심이 아니라 종교생활을 하는 육신의 사람이 된다. 바울이 육신을 따라 살지 말고 성령을 따라 살라고 권하는 것은 이 때문이다.

(1:22)지혜 있다고 주장하나 어리석음

(개역) 스스로 지혜 있다 하나 어리석게 되어

φάσκοντες εἶναι σοφοὶ ἐμωράνθησαν,
주장하면서   있다고 지혜들이   그들은 어리석게 된다

(작역)지혜들이 있다고 주장하면서 그들은 어리석게 된다,

인간은 만물의 영장이다. 인간이 만물의 영장이 된 것은 "지혜" 때문이다. 어떤 동물보다 지혜로운 것이 인간이다. 그 지혜가 지식이 되고 그 지식으로 현대 문명이 만들어진다.

그러나 지혜를 가진 인간이 모르는 게 있는데 그것은 지혜의 근원이 하나님이라는 것이다. 결국 인간의 섣부른 지혜가 하나님의 진노를 사게 된다.

"그들은 지혜 있다고 주장하면서 어리석게 된다"(**파스콘테스 에이나이 소포이 에모란데산**).

여기서 말하는 그들은 불신자가 아니라 그리스도인들을 가리킨다. 예수를 믿으면서도 여전히 어리석은 삶을 사는 사람들에 대한 이야기이다. 누가복음 16장에서 예수님은 주인의 것을 허비하다 발각된 청지기의 지혜를 칭찬하면서 "이 세대의 아들들이 자기 시대에 있어서는 빛의 아들들보다 더 지혜로움이니라."고 하였다. 세상 사람들이 자기가 하는 일에 지혜롭듯이 빛의 아들들도 하나님 나라의 일에 지혜로워야 한다는 메시지이다.

그리스도인의 지혜는 어디서 오는가? 그것은 말씀이신 예수 그리스도로부터 온다. 야고보서는 "너희 중에 누구든지 지혜가 부족하거든 모든 사람에게 후히 주시고 꾸짖지 아니하시는 하나님께 구하라 그리하면 주시리라"(약1:5)고 말한다. 한글개역에서 "구하라"로 번역된 **아이테이토**의 뜻은 "물어보라"이다. 지혜로운 사람이 되게 해 달라고 구하라는 의미가 아니라 모르는 것이 있을 때마다 내 안에 말씀으로 존재하시는 예수님께 물어보라는 것이다.

예수 그리스도를 주님으로 영접했음에도 주님의 음성을 듣지 않고 모든 일을 자기 뜻대로 하는 사람은 스스로 지혜롭다고 하나 실제로는 어리석은 사람이다. 로마교회에는 이런 사람들이 많이 있었는데 오늘날 교회에도 많이 있다. 예수 그리스도를 믿으면서 스스로 지혜롭다 하는 사람들로 인해 하나님 나라는 점점 황폐해져 간다.

(1:23)하나님의 영광을 우상으로 바꾸어 놓음

(개역)썩어지지 아니하는 하나님의 영광을 썩어질 사람과 새와 짐승과 기어 다니는 동물 모양의 우상으로 바꾸었느니라

καὶ ἤλλαξαν τὴν δόξαν τοῦ ἀφθάρτου θεοῦ ἐν ὁμοιώματι
그리고 그들은 바꾸었다 그 영광을 그 썩지 아니하는 하나님의 안에서 모양
εἰκόνος φθαρτοῦ ἀνθρώπου καὶ πετεινῶν καί τετραπόδων
  형상의 썩어질 사람의 그리고 새들 그리고 네발 가진 짐승들
καὶ ἑρπετων.
그리고 기어다니는 것들

(직역)그리고 그들은 바꾸었다 그 썩지 않는 하나님의 그 영광을 썩어질 사람의 형상의 모양 안에서 그리고 새들 그리고 네발 가진 짐승들 그리고 기어 다니는 것들의(모양 안에서)

예수 그리스도를 주님으로 영접했음에도 주님의 음성을 듣지 않고 자기 지혜로 살아가는 사람들은 결국 종교생활을 하게 되고 우상을 섬기게 된다.

한글개역에서 "바꾸었다"로 번역한 동사 **엘락산**은 "다르게 만들다"라는 의미로서 이 단어의 어원이 되는 **알로스**는 모양이 같으면서도 약간 다른 것을 말한다. 눈에 보이지 않는 하나님을 하나님처럼 위대해 보이는 새나 짐승과 같은 동물의

우상으로 대신한 것이다.

본문에서 **투 아프달톤**(그 부패하지 않는)은 **텐 독산**(그 영광)이 아니라 **데우**(하나님)을 수식한다. 그 영광이 부패하지 않는다는 말이 아니라 하나님이 부패하지 않는다는 것이다. 말씀이신 하나님은 부패하는 분이 아니신데 그분에게서 나오는 그 영광을 부패하는 사람과 짐승 형상의 모양을 바꾸었다.

바울은 "그 부패하지 않는 하나님"(**투 아프다르투 데우**)과 부패하는 사람(**프다르투 안드로푸**)을 대조하고 있다. 하나님은 도덕적으로 부패하지 않지만 사람은 도덕적으로 부패한다. 여기서 "그 영광"(**텐 독산**)은 하나님의 의에서 나오는 영광이다. 하나님이 의로움을 나타내어 영광을 받으시는 것은 부패하지 않는 그분의 거룩함 때문이다.

부패한 인간이 예수를 믿는다고 해도 스스로의 힘으로 하나님의 영광을 나타낼 수는 없는 것은 이 때문이다. 하나님을 사람과 새들과 짐승들과 벌레들과 같은 모양의 형상으로 바꾸어서 섬기면서 하나님의 영광을 나타낸다고 하는데 그것이 바로 우상숭배이다. 지금 바울은 믿지 않는 자들이 아니라 믿는 자들이 우상을 섬기는 것에 대해 말하고 있다.

기독교 역사를 보면 가톨릭교회는 예수님의 형상과 마리아의 형상 그리고 성인들의 형상을 만들고 그 앞에서 기도를 해왔다. 개신교회도 비둘기를 성령의 상징으로 형상화 시켰으며, 사자를 예수 그리스도의 상징으로, 그리고 뱀을 마귀의 상징으로 삼는다. 특히 우리나라에는 십자가를 예수 그리스도의 상징으로 삼아 예배당 지붕 위에 높이 세우거나 예배실 중앙에 크게 세우는 교회들이 많이 있다. 하지만 예수 그리스도는 그런 형상 속에 거하는 것이 아니라 구원받은 그리스도인 안에 거하면서 말씀(음성)으로 자신을 계시하신다.

바울이 "부패한"(**프다르투**)이라는 형용사를 "사람의 모습"(**에이코노스 안드로푸**)에 적용한 것은 부패한 기독교인이 사람을 우상으로 섬기기 때문이다. 우상숭배 중에서 가장 질이 나쁜 우상숭배가 살아있는 사람을 신적 존재로 섬기는 것이다.

그럼에도 가톨릭교회는 교황을 신적 존재로 섬기고 있으며 개신교회 역시 담임목사를 신적 존재로 섬기는 일이 빈번하게 일어난다. 심지어 이단교회는 교주를 신격화하여 하나님과 동등한 존재로 섬긴다. 이런 우상숭배가 교회 안에 자리 잡고 하나님에 대한 참 신앙인 것처럼 예수 믿는 자들을 속이고 있다. 교회 안에서 예수의 이름을 빙자하여 속이는 자들과 그 말에 속는 자들에게는 공통점이 있다. 그것은 예수님과의 관계가 상실되었다는 것이다. 예수를 믿지만 아직 성령을 못 받았거나 또는 받았더라도 성령이 소멸된 사람들이 우상을 섬기는 종교적 신앙에 빠지는 것은 어찌 보면 당연한 일이다.

1:24-27
복음 상실로 내버려진 자들

(1:24a) 내버려 두시는 하나님

(개역) 그러므로 하나님이 그들을 마음의 정욕대로 더러움에 내버려 두사

Διὸ παρέδωκεν αὐτοὺς ὁ θεὸς ἐν ταῖς ἐπιθυμίαις τῶν
이로인하여 내주었다   그들을   그 하나님이 안에서   그   욕망들   그
καρδιῶν αὐτῶν
마음을   그들의

(직역) 이로 인하여 하나님이 그들을 내주었다 그들의 그 마음의 그 욕망들 안에서

하나님은 복음을 소유했다가 잃어버린 자들을 내버려 두신다. 그들을 통해 할 수 있는 것이 아무 것도 없기 때문이다. 본문에서 "내버려 두사"로 번역된 헬라어 원문 **파레도켄**은 **파라**(beside)와 **디도미**(주다)의 합성어로 "옆을 내어주다"라는 의미이다. 하나님이 내버려 두었다는 것은 쓰레기를 버리듯 내버렸다는 것이 아니라, 내버려 두되 그 마음의 욕망 안에 있는 채로 하나님 옆에 내버려 두었다는 것이다. 이것은 예수를 믿으면서도 마음의 욕망을 그대로 갖고 있는 사람들에 대한 언급이다.

파레도켄이 아오리스트시제로 쓰인 것은 하나님이 그들을 버린 것이 미리 계획된 일이 아니라 순간적으로 이루어진 일

임을 보여준다. 예수를 믿고 성령까지 받았지만 마음의 욕망으로 인해 말씀(호 로고스)을 따라 살려는 마음이 없는 것을 보고 순간적으로 그들을 내버려두기로 작정한 것이다.

이것은 마치 부모가 말 안 듣는 자식을 내쫓지 않고 그냥 집에 있게는 하지만 자식이 하는 일에 일체 관여를 하지 않고 내버려 두는 것과 같다. 부부 사이든 부모와 자식 사이든 간에 가까이에 있으면서 아무런 대화도 하지 않고 무관심하게 지내는 것처럼 불행한 일은 없다. 차라리 떨어져 지내며 얼굴을 안 보고 사는 것이 더 나을 수도 있다. 예수님과 그리스도인 사이에도 이런 불행한 사태가 생길 수 있다.

한글개역에 '정욕'으로 번역된 **에피뒤미아이스**의 기본형은 **에피뒤미아**인데 이것은 "강한 욕구"(strong desire)를 뜻하며 주로 성적욕구에 사용된다. 주님과의 관계가 단절된 사역자가 성적 타락에 빠지는 것은 이 때문이다. 이는 성령을 받은 그리스도인이라 할지라도 주의 말씀을 듣고 순종하지 않는다면 세상 사람들이 짓는 죄에서 벗어날 수 없음을 보여준다.

(1:24b) 내버려 둠이 성적 타락으로 이어짐

(개역) 그들의 몸을 서로 욕되게 하셨으니

εἰς ἀκαθαρσίαν τοῦ ἀτιμάζεσθαι τὰ σώματα αὐτῶν ἐν αὐτοῖς·
속으로 더러움   그것의 모욕을 당하게 하는   그 몸들이 그들의 중에서 그들
(직역) 그들 중에서 그들의 그 몸들이 모욕을 당하게 하는 것의 더러움 속으로(들어가면서)

하나님이 강한 욕구 안에 내버려둠의 결과로 가장 잘 나타나는 것은 성적 타락이다. 목회자들이 거룩함을 상실하고 성적타락에 빠지는 것은 이 때문이다.

한글개역에서 더러움으로 번역된 **아카다르시안**은 부정접두사 **아+카다르시안**의 합성어로 "정결하지 않은 것"을 뜻한다. 그리고 "욕되게 하다"로 번역된 **아티마제스다이**(기본형아티모스)는 부정접두사 **아+티모스**(명예롭다)의 합성어로 "명예롭지 못한 것"을 뜻한다. 하나님께로부터 내버림을 당한 사람의 몸은 성적 타락으로 인해 정결함을 상실하고 명예로움을 상실한다.

바울이 그리스도인의 성적 타락을 이처럼 거창하게 표현하는 이유는 구원받은 그리스도인의 몸은 단순히 인간의 몸이 아니라 성령이 거하는 전이기 때문이다. 고린도전서에서 "너희 몸은 너희가 하나님께로부터 받은바 너희 가운데 계신 성령의 전인 줄을 알지 못하느냐?"(고전6:19)라고 한 것은 성령을 받은 고린도 교인들이 성적 타락에 빠졌기 때문이다.

(1:25a)하나님의 진리를 거짓 안에서 바꿈

(개역)이는 그들이 하나님의 진리를 거짓 것으로 바꾸어
ὅιτινες μετήλλαξαν τὴν ἀλήθειαν τοῦ θεοῦ ἐν τῷ ψεύδει
그런데 그들은   바꾸었다   그   진리를   그   하나님의 안에서 그   거짓의
(직역)그런데 그들은 그 하나님의 그 진리를 그 거짓 안에서 바꾸었다

그리스도인에게 이런 문제는 두 가지 원인으로 발생한다.

첫째, 하나님의 진리를 거짓 것으로 바꾸기 때문이다.

메탈락산의 기본형인 **메탈락소**는 **메타**(중간)와 **알락소**(다르게 만들다)의 합성어로 "적당히 다르게 만들다"라는 의미이다. 하나님의 진리를 적당히 다르게 변형시켰다는 것이다. 하나님의 진리를 "그 거짓 안에서"(**엔 토 프슈데이**) 다른 것으로 변형시킨다는 것인데 이는 자신들이 지어낸 거짓으로 복음의 진리를 교묘하게 변형시키는 것을 말한다.

너무나 교묘하게 변형시켜서 성경에 대한 전문 지식이 없는 일반 신자들은 구별할 수가 없다. 언뜻 보면 제대로 된 복음 같지만 사실은 완전히 다른 복음이다. 이런 일들은 이단들뿐 아니라 일반 교회에서도 종종 일어난다. 우리 주변에서는 하나님과의 관계가 상실된 사람들이 성경을 교묘하게 풀어 자신들의 잘못된 신앙을 합리화시키면서 마치 정통인 것처럼 속이는 일들이 심상치 않게 벌어지고 있으므로 항상 경계하며 조심해야 한다. 따라서 누군가로부터 말씀을 들을 때는 사도행전 17장에 나오는 베뢰아 사람들처럼 그게 정말 맞는지를 성경을 깊이 상고해야 한다.

"베뢰아 사람은 데살로니가에 있는 사람보다 더 신사적이어서 간절한 마음으로 말씀을 받고 이것이 그러한가 하여 날마다 성경을 상고하므로"(행17:

(1:25b)피조물을 조물주보다 더 경배하고 섬김

(개역) 피조물을 조물주보다 더 경배하고 섬김이라

καὶ ἐσεβάσθησαν καὶ ἐλάτρευσαν τῇ κτίσει παρὰ τὸν κτίσαντα,
그리고 (그들은)경배하게 되었다 그리고 (그들은)섬겼다 그 피조물들을 보다 그 창조하신 분

(직역) 그들은 피조물들을 창조하신 분보다 경배하게 되었고 섬기게 되었다

　복음을 상실한 그리스도인들에게 나타나는 두 번째 문제
는 창조주이신 하나님보다 피조물들을 섬기는 것이다. 출애
굽한 이스라엘 백성이 하나님을 잃어버리자 곧바로 금송아지
우상을 섬기면서 그것을 하나님이라고 불렀다. 살아계신 하
나님을 우상으로 만들어 섬긴 것인데 이것은 우상을 섬기는
것보다 더 나쁜 일이다.

　에세바스데산의 기본형인 **세바조마이**는 "종교적 경외심을 갖는
것"을 뜻하며 **엘라트류산**의 기본형인 **라트류오**는 "제사장적인 섬
김"을 뜻한다. 그들은 마치 피조물을 창조주를 섬기듯 예를
갖추어 섬겼던 것이다. **에세바스데산**과 **엘라트류산**이 아오리스트시
제인 것은 이런 일들이 생각지 않게 일어난다는 것을 보여준
다. 의도적으로 피조물을 경배하는 것이 아니라 자신도 모르
게 피조물을 조물주보다 더 경배하고 섬기게 된다는 것이다.

　오늘날 교회에서도 하나님을 예배하고 섬긴다고 하면서
목사나 신부와 같은 성직자를 섬기거나, 예배당을 성전이라
고 하여 섬기거나, 교회 안에 있는 십자가와 같은 물건들을
성물이라고 하며 섬기는 일이 일어난다. 눈에 보이지 않는

하나님과의 분명한 관계가 형성되지 않으면 자기도 모르게 눈에 보이는 무언가에 끌리게 된다. 그리스도인들에게 이런 일이 일어나는 것은 예수를 믿으면서도 성령을 받지 못했거나 성령을 받았어도 성령을 소멸했기 때문이다. 성령을 받지 않은 사람은 물론이거니와 성령을 받았을지라도 성령의 인도하심을 따르지 않으면 자기도 모르게 우상을 섬기는 종교적 신앙으로 빠지게 된다.

(1:25c)하나님은 송축 받으실 분이시다

(개역) 주는 곧 영원히 찬송할 이시로다 아멘

$$\H{O}\varsigma \quad \H{\epsilon}\sigma\tau\iota\nu \quad \epsilon\H{\upsilon}\lambda o\gamma\eta\tau\H{o}\varsigma \quad \epsilon\H{\iota}\varsigma \quad \tau o\H{\upsilon}\varsigma \quad \alpha\H{\iota}\H{\omega}\nu\alpha\varsigma, \quad \H{\alpha}\mu\H{\eta}\nu.$$

(그런데그분은) 이시다   찬송받으실   속으로   그   영원함   아멘

(직역)그런데 그분은 찬송을 받으실 분이시다 영원 속으로(들어가면서), 아멘(아멘)

한글개역에 "찬송하실 이로다"로 번역된 **엘로규토산**은 "송축하실 이로다"로 번역하는 게 좋다. 이것은 교회에서 찬송가를 부르는 것과는 구별된다. 송축이라는 말은 높은 사람이 행한 일이나 공덕을 기리고 그것을 칭송하는 것을 말한다. 이 땅에 이루어진 하나님의 의로 인해 영원히 칭송을 받으실 분은 창조주 하나님 한 분 뿐이시다.

아멘은 히브리어의 발음을 그대로 헬라어에서 가져다 쓴 것으로 신실하다(faithful)라는 의미이다. 하나님을 지칭할 때 쓰거나 또는 하나님의 말씀에 "(당신 말씀은) 신실하십니다."

라고 응답할 때 사용된다: 주는 곧 영원히 찬송 받으실 분이
시로다. 아멘.

(1:26a) 부끄러운 욕심에 내버려 두심

(개역)이 때문에 하나님께서 그들을 부끄러운 욕심에 내버려 두셨으니

διὰ τοῦτο παρέδωκεν αὐτοὺς ὁ θεὸς εἰς πάθη ἀτιμίας,
인하여 이것으로 내어주었다 그들을 그 하나님이 속으로 고난들 명예롭지 못함

(직역)이것으로 인하여 하나님이 그들을 내주었다 명예롭지 못한 고난들 속으로

"이것으로 인하여"(**디아 투토**)는 앞 문장에 대한 지시대명사
로 복음을 상실한 그리스도인의 두 가지 문제점을 가리킨다.
①하나님의 진리를 거짓 것으로 바꾸어 놓았다
②교회 안에서 피조물을 조물주보다 더 경배하고 섬긴다.
이런 일들이 발생하는 것은 예수 그리스도를 주로 영접했
음에도 주님의 말씀을 따르기보다 마음의 정욕(**타이스 에피튀마
이스 톤 카르디온**)이 더 강하기 때문이다. 마음을 하나님께 내어
드려야 하는데 마음을 정욕에 빼앗겼을 때 하나님은 그들을
마음에 정욕대로 더러움에 빠지게 내버려 두시는데 이것이
동성애로 발전되는 것이다.
한글개역에서 "부끄러운 욕심"(**파데 아티마스**)으로 번역된 **파
데**의 기본형인 **파데스**는 "무언가에 대한 열정으로 인해 받는
고난"을 말한다. 영어로는 passion인데 이 단어는 부정적 의
미 보다는 긍정적 의미로 많이 쓰인다. 예수 그리스도의 고

난을 passion of Christ라고 하는데 하나님의 일을 수행하기 위해 받은 고난이기 때문이다.

하지만 본문에는 **아티마아스**라는 수식어가 있다. **아티마아스**의 기본형인 **아티마아**는 "명예롭지 못한 것"을 뜻한다. 복음을 상실한 자들이 열정을 가지고 하는 일들을 명예롭지 못한 고난이 되도록 하나님이 내버려두신다는 것이다. 하나님이 그렇게 하시는 이유는 하나님의 진리를 거짓 것으로 바꾸고 피조물을 하나님 보다 더 숭배하고 섬기기 때문이다.

(1:26b)여성 동성애가 생기게 된 이유

(개역)곧 그들의 여자들도 순리대로 쓸 것을 바꾸어 역리로 쓰며

αἵ τε γὰρ θήλειαι αὐτῶν μετήλλαξαν τὴν φυσικὴν
<small>그 조차도 왜냐하면 여성들 그들의 바꾸었다 그 본성의</small>
χρῆσιν εἰς τὴν παρὰ φύσιν,
<small>사용을 속으로 그 거역함 본성을</small>

(작역)왜냐하면 그들의 그 여성들조차도 그것 속으로 들어가면서 본성을 거역함으로 그 본성의 사용을 적당히 바꾸었다

바울이 복음을 상실한 기독교인들의 잘못된 신앙의 열정과 그 결과를 다루면서 먼저 여성에 대한 언급을 하는 이유는 남성 기독교인보다 여성 기독교인의 문제가 더 시급하기 때문이다. 여성 동성애가 남성 동성애 보다 기독교 신앙에 미치는 영향이 더 크다고 본 것이다.

바울은 기독교인 여성들이(**델레이아이**) "그 본성의 사용"(**텐**

푸시켄 크레신)을 적절히 다르게 변경시켰다(**메텔락센**)고 말한다. **메텔락센**이 아오리스트시제인 것은 그들이 본성의 사용을 바꾼 것이 생각지 않게 순간적으로 일어났음을 보여준다. 의도하지 않은 일이 벌어진 것인데 그 원인은 앞서 언급한 하나님의 진리를 거짓 것으로 바꾸고 피조물을 조물주보다 더 숭배하고 섬기기 때문이다.

한글개역에서 "순리대로"로 번역된 형용사 **푸시켄**의 기본형인 **푸시코스**는 "본래 생성된 것" 즉 "타고난 것"을 뜻한다. 여성 동성애의 원인은 창조 때에 하나님이 주신 여성으로서의 정체성을 상실했기 때문이다. 창세기 2장에는 하나님이 여성을 만드신 이유가 나온다.

하나님은 아담을 에덴동산에 두신 후에 "사람이 혼자 사는 것이 좋지 아니하니 내가 그를 위하여 돕는 배필을 지으리라"(창2:18)고 하였다.

한글개역에서 '돕는 배필'로 번역된 **에젤 케네그도**는 **에젤**(돕다)+**네게드**(앞)의 합성어로 "앞에서 돕는 자"란 의미이다. **네그도** 앞에 접두사 **케**가 붙어 있는데 하나님과 유사한 것을 나타낼 때 쓰는 접두사이다. **에젤 케네그도**를 직역하면 "마치 하나님처럼 (아담을) 앞에서 돕는 자"라는 뜻이다.

하나님은 아담이 하나님과 온전한 관계를 맺을 수 있도록 하와를 돕는 배필로 주셨다. 돕는 배필(**에젤 케네그노**)이란 남편이 하나님께 나아갈 수 있도록 돕는 자를 말한다. 하나님은 본질적으로 여자(아내)를 남자(남편)보다 신앙이 더 좋게 만들었다. 교회에서 일반적으로 여자들이 남자들보다 신앙이 좋은 것은 돕는 배필이기 때문이다. 여자(아내)들은 남자(남편)들의 신앙을 하나님께로 끌어 줄 책임이 있다. 반면에 여자들의 신앙 상실은 남자들의 신앙을 침체에 빠지게 하는 원인이 된다. 이런 이유로 바울은 여자 동성애를 남자 동성애보다 먼저 다루고 있는 것이다.

(1:27a) 남성 동성애가 생긴 원인

(개역) 그와 같이 남자들도 순리대로 여자 쓰기를 버리고 서로 향하여 음욕이 불 일듯 하매

ὁμοίως τε καὶ οἱ ἄρσενες ἀφέντες τὴν φυσικὴν χρῆσιν τῆς
이와같이 조차도 그리고 그 남성들 버리고 그 본성을 따른 사용을 그
θηλείας ἐξεκαύθησαν ἐν τῇ ὀρέξει αὐτῶν εἰς ἀλλήλους,
여성의 불타게 되었다 안에서 그 끌림 그들의 속으로 서로들

(직역) 그리고 이와 같이 그 남성들 조차도 그 여성의 그 본성을 따른 사용을 버리고 그들의 그 끌림 안에서 서로를 향하여 불타게 되었다

"그리고 이와 같이"란 여자들이 하나님이 만드신 창조의 섭리를 거슬러 남자의 돕는 배필 되기를 거부하고 심지어 동성애에 빠지게 된 것을 말한다. 그 여성들이 그랬듯이 그 남성들(호이 아르세네스)도 그 여성들(테스 뗄레이아스)을 돕는 배필로 받아들이지 않고 버리는(아피에미) 일이 벌어진 것이다. 남성과 여성 앞에 정관사를 붙인 것은 그리스도인 여성과 남성을 나

타내기 위함이다. 세상 사람들뿐 아니라 기독교인들 중에도 이런 일이 발생할 수 있다는 것이다.

남자들이 여자들을 돕는 배필로 받아들이기를 거부하면서 남자들 서로 간에 끌림이 생겼고 이로 인해 남성 동성애가 생겨나게 되었다. 한글개역에서 음욕으로 번역된 **오렉세이**는 손을 쭉 뻗는 것(stretching)을 뜻한다. 남자가 돕는 배필인 여자에 대한 관심이 떨어지자 남성끼리 뜨거운 관심을 갖게 된 것이다.

(2:12b) 동성애로 인한 하나님의 징벌

(개역)남자가 남자와 더불어 부끄러운 일을 행하여 그들의 그릇됨에 상당한 보응을 그들 자신이 받았느니라

ἄρσενες ἐν ἄρσεσιν τὴν ἀσχημοσύνην κατεργαζόμενοι καὶ τὴν
　남성들이　　중에서　남성들　　　그　　　보기 흉한 일을　　　실행하면서　　　그리고　　그

ἀντιμισθίαν ἣν ἔδει τῆς πλάνης αὐτῶν ἐν ἑαυτοῖς ἀπολαμβάνοντες.
　보응을　　　필수적이었던 그　　잘못에　　그들의　안에　그 자신에　도로 받으며

(직역)남성들 중에서 남성들이 그 보기 흉한 일을 실행하면서 그리고 그들 자신들 안에서 그들의 그 잘못에 필수적이었던 그 보응을 받으면서

"남성들 사이에서 남성들이 실행한 그 보기 흉한 일"은 남자 동성애를 가리킨다. 한글개역에서 "부끄러운 일"로 번역된 **아스케모쉬넨**은 **아**(부정접두어)+**에코**(소유하다)+**스케마**(모습)의 합성어로 "모양이 흉하다"는 의미이다. 현재분사인 **카테르가조메노이**(실행하다)는 중수디포태인데 그런 보기 흉한 일을 의지를 써서 한다는 것이다.

하지만 성경은 남성 동성애를 실수(error)에서 나온 잘못으로 본다. **플라네스**는 "길을 잃고 헤매는 것"을 뜻하며 실수로 하는 잘못을 나타낸다. 동성애 역시 근본 원인은 인간의 연약성이다. 하지만 그들이 의지적으로 행한 일이기에 하나님은 그에 상응하는 보응(**텐 안티미스디안**)을 하셨는데 이것이 에이즈이다.

동성애가 여자 동성애(레즈비안)에서 시작되었지만 남자 동성애(게이)에서 더 급격히 퍼지고, 에이즈와 같은 하나님의 징벌도 남성 동성애에 나타나는 것은 아담과 하와 때처럼 여자의 잘못에서 시작된 일이 남자에게서 결과로 나타나고 하나님은 그 책임을 남자에게 물으시기 때문이다.

1:28-32
복음을 상실한 자가 짓는 죄

(1:28a)하나님과 관계를 맺으려 하지 않음

(개역)또한 그들이 마음에 하나님 두기를 싫어하매

καὶ καθὼς οὐκ ἐδοκίμασαν τὸν θεὸν ἔχειν ἐν ἐπιγνώσει,
그리고　따라　안　시도한 것에　　그　하나님을 소유하는 것을 안에서　온전한 앎

(작역)그리고 온전한 앎 안에서 하나님을 소유하는 것을 그들이 시도하지 않은 것에 따라

하나님을 믿는 자들에게서 동성애와 같이 해서는 안 될 일이 벌어지는 것은 하나님과의 관계가 단절되었기 때문이다. 한글개역은 "그들이 마음에 하나님 두기를 싫어하매"로 번역했는데, 원문을 보면 "마음에"가 아니라 "온전한 앎 안에서"(엔 에피그노세이)이다.

에피그노세이는 신약성경에 많이 나오는 중요한 단어이다. **에피**(강조접두어)+**기노스코**(알다)의 합성어로 "더 깊이 알다"이다. 여기서 **기노스코**는 히브리어 **야다**와 같은 의미로서 지식으로 아는 것이 아니라 관계를 맺고 함께 살아감을 통해서 아는 것을 말한다. 히브리어 **야다**는 남녀가 결혼해서 서로를 아는 것을 말할 때 사용된다.

하나님을 알되 **에피기노스코**로 깊이 알아야 하지만 복음을 상

실한 기독교인들은 그런 시도를 하지 않는다. **에도키마산**은 "시도하다"를 뜻하며 여기서는 아오리스트시제로 쓰였다. 아오리스트시제인 것은 성령에 의해서 순간적으로 하는 시도를 말한다. 성령이 충만해지면 하나님과의 **에피기노스코**의 관계를 맺으려는 마음이 순간적으로 생겨난다.

70-80년대에 한국교회는 성령의 은혜를 사모하고 성령받기를 시도하였으며 그로인해 내적, 외적 성장을 이루었다. 하지만 90년대에 들어서면서 성경공부와 전도가 성령운동을 대신하면서 교회가 대형화되고 외적으로 교회가 성장했지만 내적으로는 성령이 소멸되고 하나님과의 관계가 단절되는 일이 벌어졌다. 이로 인해 교회는 세속화 되었고 세상 사람들이 교회를 조롱하고 외면해서 교회성장이 멈추고 도리어 감소하는 일이 벌어졌다.

이런 모든 일은 하나님과의 **에피기노스코**의 관계가 상실되었기 때문이다. 따라서 추락한 한국교회가 다시 일어서려면 70-80년대처럼 성령운동을 통해 하나님과의 **에피그노시스**를 맺어야 한다.

(1:28b) 이럴 때도 하나님은 내버려 두신다

(개역)하나님께서 그들을 그 상실한 마음대로 내버려 두사 합당하지 못한 일을 하게 하셨으니

παρέδωκεν αὐτοὺς ὁ θεὸς εἰς ἀδόκιμον νοῦν, ποιεῖν τὰ μὴ
내버려 두었다   그들을   그 하나님이 속으로 시도하지 않는   마음   행하기 위해 그   않는

καθήκοντα,
도달하지

(작역)하나님이 그들을 시도하지 않는 마음속으로 내버려 두었다, 도달하지 않는 그(일들을) 행하기 위해,

하지만 하나님은 그들을 그 상실한 마음대로 내버려 두신다. 잘못된 길로 빠진 그들을 억지로 끌어올리려 하지 않는다는 것이다. 이유는 그들이 하나님과의 관계를 맺으려 하지 않기 때문이다.

본문의 **에이스 아도키몬 눈**을 한글개역은 "그 상실한 마음대로"로 번역했는데 원어직역은 "시도하지 않는 마음속으로"이다. **아도키몬**은 아(부정접두어)+**도키모스**(시도하는)의 합성어로 "시도하지 않는"이라는 의미이다. 이것은 하나님을 깊이 알려고 시도하지 않는 마음속으로 들어가도록 내버려 두었다(**파레도켄**)는 것이다. 그리스도인들이 성령충만을 통해 하나님을 깊이 알려하지 않을 때 하나님은 그냥 내버려 두신다.

그동안 한국교회는 성경공부를 통한 제자훈련을 교회 성장의 원동력으로 삼았다. 하지만 이 방법이 안 좋은 결과를 가져 온 것은 하나님을 머리(지식)로만 알 뿐 살아계신 하나님과의 영적관계가 형성되지 않았기 때문이다.

성령과 말씀(**호 로고스**)이신 그리스도 안에서 하나님을 **에피그노시스**로 아는 것 없이는 아무도 하나님께 나아갈 수 없다. 교회에 모여서 성경공부를 하더라도 살아계신 하나님께 나아가지 못하면 아무 소용이 없다. 이단들은 정통교회보다 성경공

부나 전도에 더 열정적인데 그들의 문제는 살아계신 하나님과의 **에피그노시스**가 안 된다는 것이다.

본문의 마지막에서 바울이 부연 설명하는 **포이에인 타 메 카데콘타**(도달하지 않는 그 일들을 행하려고)는 복음을 상실한 그리스도인들이 하는 모든 일이 하나님께 도달하지 못함을 보여준다. 예수 믿는 사람들이 하는 모든 사역을 주님이 기뻐 받으시는 것이 아니다. 그들의 사역이 복음에서 나온 것이 아니라 인간적 욕심에서 나온 것일 때 주님은 그들의 사역을 받지 않으신다. 그렇다고 막지도 않으신다. 그냥 내버려 두신다. 주님은 복음을 상실한 그리스도인들이 하는 사역에는 전혀 관심이 없으시다.

(1:29a) 복음을 상실한 자들이 짓는 죄의 목록

(개역) 곧 모든 불의, 추악, 탐욕, 악의가 가득한 자요

πεπληρωμένους πάσῃ ἀδικίᾳ πονηρίᾳ πλεονεξίᾳ κακίᾳ,
가득채워진 자들　　　　모든　　불의로　　　음행으로　　　탐욕으로　　　　악으로

(작역)모든 불의로, 음행으로, 탐욕으로, 악의로 가득 채워진 자들

바울은 복음을 상실한 그리스도인들이 짓는 죄의 목록을 언급한다. 첫 번째 목록은 불의, 음행, 탐욕, 악의이다. 수동태분사인 **페플레로메누스**는 "분량이 가득 채워진" 것을 뜻한다. 예수 믿는 자들도 이런 악으로 가득 채워질 수 있다는 것이다. "모든 불의"에서 **아디키아**는 불공정한 것을 말하며, **포네리아**

는 악한 행동을 말하며, **플레오넥시아**는 탐욕을 말하며, **카키아**는 성격이 고약스러운 것을 말한다. 이러한 것들은 세상 사람들이 가질 수 있는 악인데, 복음을 상실하면 그리스도인들도 이런 악으로 채워질 수 있다.

(1:29b)

(개역)시기, 살인, 분쟁, 사기, 악독이 가득한 자요

μεστοὺς φθόνου φόνου ἔριδος δόλου κακοηθείας,
가득한 자들　　시기의　　살인의　　분쟁의　　사기의　　악의

(직역)시기의, 살인의, 분쟁의, 사기의, 악의의 가득한 자들

　두 번째 목록은 시기, 살인, 분쟁, 사기, 악의이다. 복수 형용사인 **메스투스**는 본문에서는 형용대명사로 쓰이며 "가득한 자들"을 뜻한다. **프도누**는 시기심을 뜻하며, **포누**는 남을 살해하는 것을 뜻하며, **에리도스**는 분쟁(말싸움)을 뜻하며, **돌루**는 남에게 사기를 치는 것을 뜻하며, **카코에데이아스**는 나쁜 성격을 뜻한다. 이것들 역시 세상 사람들에게서 종종 나타나는 악인데 복음을 상실한 그리스도인들에게도 나타날 수 있다.

(1:29c)

(개역)수군수군하는 자

ψιθυριστάς,
수군대는 자

(직역)수군대는 자

　바울은 **프쉬튀리스타스**를 하나의 목록으로 따로 구분하였다. 이것은 비밀스럽게 수군대는 자를 가리키는데 복음을 상실한

그리스도인이 교회 공동체 안에서 가장 많이 짓는 죄 중에
하나이다.

(1:30a)

(개역)비방하는 자요 하나님께서 미워하시는 자요 능욕하는 자요 교만한 자요 자랑하는 자요
καταλάλους θεοστυγεῖς ὑβριστάς ὑπερηφάνους ἀλαζόνας,
(남을)깔보는 자들   하나님께서 미워하는 자들   무례한 자들   교만한 자들   자랑하는 자들
(직역)중상하는 자들, 하나님께서 미워하는 자들, 무례한 자들, 교만한 자들, 자랑하는 자들

바울은 남을 깔보는 자, 하나님이 미워하는 자, 능욕하는
자, 교만한 자, 자랑하는 자를 하나의 목록으로 만들었다.

카탈랄루스는 **카타**(~아래)+**랄레오**(말하다)의 합성어로 "누군가
를 깔보고 말하는 자들"이며, **휘브리스타스**는 "누군가를 얕잡아
보고 무례하게 행동하는 자들"이며, **휘페레파누스**는 **휘페르**(~위
에)+**파이노**(비추다)의 합성어로 "누군가 위에 자신을 나타내는
교만하게 행동하는 자들"을 뜻한다. 그리고 **알라조나스**는 "자신
을 자랑하고 뽐내는 자들"을 가리킨다.

본문에 나오는 죄의 목록은 성공해서 높은 자리에 올라간
사람들이 주로 짓는 죄로써 세상 사람들은 물론 예수 믿는
사람들에게도 자주 나타나는 죄의 성향이다. 그런데 바울은
여기에 **데오스튀게이스**(하나님께서 미워하는 자들)이라는 설명을
끼워놓았다. 이러한 죄를 짓는 자들의 특징은 이런 죄를 하
나님이 미워한다는 사실조차 모른다는 것이다. 사실, 죄인지
도 모르고 짓는 죄가 더 무섭다. 이유도 모른 채로 지옥에

떨어질 수 있기 때문이다.

(1:30b)

(개역)악을 도모하는 자요 부모를 거역하는 자요

ἐφευρετὰς κακῶν, γονεῦσιν ἀπειθεῖς,
꾸며내는 자들   악한 일을   부모에게   불순종하는 자들

(직역)악한 일들을 꾸며내는 자들, 부모들에게 불순종하는 자들,

바울은 악을 도모하는 자와 부모를 거역하는 자를 하나의 목록으로 만들었다. 한글개역에서 "악한 일"로 번역된 **카콘**은 "가치가 없는 일"을 말한다. 그리고 "꾸며내다"로 번역된 **에퓨레타스**는 "찾아내다"(find out)라는 의미이다. 직역하면 "가치가 없는 일을 찾아서 하는 자들"을 말한다.

하나님을 위해 열심히 무언가를 찾아내서 일하지만 그들이 하는 일이 하나님 나라에 아무런 가치가 없다는 것이다. 바울이 이것을 하나의 목록으로 구별한 것은 그리스도인들이 교회에서 열심히 하는 일들이 하나님 나라에 아무런 가치가 없을 수 있음을 보여주기 위함이다.

또한 바울은 부모에게 불순종하는 자들(**고뉴신 아페이데이스**)을 하나의 목록으로 잡는다. 세상 사람들이 머리가 커지면 부모 말에 불순종하듯이 그리스도인들 중에도 이런 사람들이 있다. **아페이데이스**는 **아**(부정접두사)+**페이도**(설득하다)의 합성어로 설득되지 않는 것을 의미한다. 부모가 아무리 설득해도 듣지 않는 자녀가 있다. 자녀가 부모의 말을 들어야 하는 것

은 부모와 자녀의 질서 때문이지 다른 이유는 없다. 부모와
자녀간의 질서는 하나님이 만드신 것이다. 자녀가 부모의 말
에 순종해야 하는 것은 그 자체가 하나님의 뜻이다.

(1:31)

(개역) 우매한 자요 배약하는 자요 무정한 자요 무자비한 자라

ἀσυνέτους ἀσυθέτους ἀστόργους ἀνελεήμονας·
이해력이 없는 자들   계약을 지키지 않는 자들 무정한 자들   자비심이 없는 자들,

(직역) 이해력이 없는 자들, 계약을 지키지 않는 자들, 무정한 자들, 자비심이 없는 자들,

바울이 마지막으로 말하는 4가지는 그리스도인들이 성령을
소멸했을 때 나타나는 불의의 유형이다. 성령을 받을 때 하
나님은 지혜를 통한 이해력을 주시고, 하나님과의 약속을 지
키는 마음을 주시고, 또한 다른 사람들에 대한 애정과 자비
의 마음도 주신다. 하지만 성령이 소멸되면 이런 것들이 사
라지는 데 바울은 이것을 지적하고 있다.

(1:32a) 알면서 짓는 죄의 결과

(개역) 그들이 이 같은 일을 행하는 자는 사형에 해당한다고 하나님께서 정하심을 알고도

οἵτινες τὸ δικαίωμα τοῦ θεοῦ ἐπιγνόντες ὅτι οἱ τὰ
그런데 그들은 그 공의로운 심판을 그   하나님의   깊이 알고 있기에 왜냐하면 자들은 그

τοιαῦτα πράσσοντες ἄξιοι θανάτου εἰσίν,
이런 일들을   실행하는   마땅하다는(것을) 죽음에   존재하는 것이

(직역) 그런데 그들은 그 하나님의 그 공의로운 심판을 깊이 알고 있기에, 왜냐하면 이런 일들을 실행하
는 이런 자들은 죽음에 있기에 마땅한 자들이기에,

이런 죄들을 세상 사람들이 지을 때보다 기독교인들이 지

을 때 나타나는 문제는 하나님의 그 공의로운 심판(**토 디카이오마**)을 깊이 알고 있다는 것이다(**에피그논테스**). 여기서 **에피그논테스**는 머리로 아는 것이 아니라 관계를 통해서 아는 것을 말한다. 성령을 받은 후 하나님과의 친밀한 관계를 통해 하나님을 깊이 알았기에 더 큰 문제가 된다. 이런 자들에게 하나님은 진노하신다. 하나님을 알면서 죄를 짓는 자들에게 내리는 심판이 하나님을 모르고 짓는 자들보다 더 큰 것은 당연한 일이다.

"의롭다"를 뜻하는 헬라어 형용사 **디카이오스**에서 파생된 3개의 명사가 있는데 **디카이오쉬네**와 **디카이오시스**와 **디카이오마**이다. **디카이오쉬네**는 의로움(righteousness)를 뜻하며, **디카이오시스**는 의로운 행동을 하는 것을 뜻하며, **디카이오마**는 재판관이 행하는 공의로운 심판(judgment)을 뜻한다.

그리스도인들 중에 성령을 받은 사람과 성령을 받지 않은 사람의 차이는 하나님을 두려워하느냐, 두려워하지 않느냐에 달려있다. 이것은 마치 자녀가 죄를 지으면 아버지를 두려워하는 것과 같다. 성령을 받고 하나님과의 **에피기노스코(야다)**의 관계가 형성된 사람들은 죄를 짓게 되면 하나님을 두려워하게 된다. 하지만 성령을 받은 사람이라 할지라도 성령이 완전히 소멸되면 하나님을 두려워하는 마음이 사라진다.

본문은 하나님을 믿지 않는 자들에 대한 이야기가 아니라 하나님을 믿는 자들 그것도 예수 믿고 성령을 받아 하나님을 깊이 아는(에피기노스코) 자들에 대한 이야기이다. 성령을 받은 자들은 이런 불의를 행할 때 하나님은 그에게 심판과 사형이 있음을 알게 하지만 그럼에도 그런 일을 행하는 자들이 있다는 것이다. 이런 자들에게 주어지는 형벌은 가혹하다. 한글개역에서 '사형'으로 번역된 **다나투**는 "죄 가운데 죽는 것"을 말하는데 죽어서 지옥에 간다는 것이다.

(1:32b)다른 사람들까지도 그런 죄를 짓게 한다

(개역)자기들만 행할 뿐 아니라 또한 그런 일을 행하는 자들을 옳다 하느니라.
οὐ μόνον αὐτὰ ποιοῦσιν ἀλλὰ καὶ συνευδοκοῦσιν τοῖς πράσσουσιν.
  안   오직   자신들을 행한다   그러나 또한   함께 잘한다고 생각한다 그(자들에게) 실행하는
(직역)그들은 오직 자신들만 행하지 않는다 그러나 또한 함께 잘한다고 생각한다 실행하는 그자들에게

　예수 믿고 구원의 은혜를 받았지만 복음을 상실한 후 세상 사람들과 똑같은 죄를 짓는 사람들의 더 큰 문제는 성경의 진리를 왜곡하여 자신이 짓는 죄를 합리화시킨 후 다른 사람들까지도 그런 죄를 짓도록 끌어들인다는 것이다.

　한글개역에서 "옳다 하느니라"로 번역된 **쉰뉴도쿠신**은 **쉰**(함께)+**유도케오**(좋게 생각하다)의 합성어로 "함께 좋게 생각하다"라는 뜻이다. 말씀을 전하는 자나 받는 자나 모두 악을 행하면서도 그것이 죄라는 것을 인식하지 못하는 게 문제이다.

　2014년 세월호 사고는 사람들에게 기독교 이단인 구원파의

실체를 알게 하였다. 구원파의 문제는 죄에 대한 무감각이다. 예수 믿고 구원받은 존재가 되었기에 자신들이 짓는 죄는 더 이상 죄가 아니라는 것이 구원파의 논리이다. 예수 믿고 구원받는 순간 과거의 죄와 현재의 죄 그리고 미래의 죄 모두를 용서 받았기 때문에 아무도 자신들의 잘못을 정죄할 수 없다는 것이다.

구원파의 이런 생각은 자신들은 분명히 구원받았다는 구원의 확신에서 나온 것이다. 그들이 속한 교회의 교리를 믿는다는 이유만으로 구원의 확신을 심어주고 구원을 받았다고 선포하는 데 사실 이것은 다른 복음이다. 성경은 어디에도 기독교의 구원을 이런 식으로 말하지 않는다. 다른 복음이라는 것인데 문제는 일반교회 안에서도 이런 복음이 전해지고 있다는 것이다. 바울은 자신을 비롯해 누구라도 다른 복음을 전하면 저주를 받는다고 경고하였다(갈1:8).

참된 복음전도자라면 사람들에게 구원의 확신을 심어줄 것이 아니라 구원 받은 자로서 의로운 삶을 살 수 있도록 도와주어야 한다. 성경은 그리스도인들에게 육신을 따라 살지 말고 성령을 따라 살라고 말한다. 불의를 행하면서도 예수를 믿었다는 이유만으로 천국에 들어갈 것을 확신하는 것만큼 어리석은 일은 없다.

2:1-5
누가 심판을 피할 수 있는가

(2:1)판단하는 사람이 정죄함을 받는 이유

(개역)그러므로 남을 판단하는 사람아, 누구를 막론하고 네가 핑계하지 못할 것은 남을 판단하는 것으로 네가 너를 정죄함이니 판단하는 네가 같은 일을 행함이니라.

Διὸ ἀναπολόγητος εἶ, ὦ ἄνθρωπε πᾶς ὁ κρίνων· ἐν ᾧ
이로 인하여 핑계할 수 없는(상태로) (너는)존재한다 오! 사람아   모든 그 판단하는 자   안에 그것

γὰρ κρίνεις τὸν ἕτερον, σεαυτὸν κατακρίνεις, τὰ γὰρ
왜냐하면 (네가)판단하는 그   다른 사람을 네 스스로를   (네가)정죄한다   그 왜냐하면

αὐτὰ πράσσεις ὁ κρίνων.
같은 일들을 (네가)실행한다 그 판단하는

(직역)이로 인하여 너는 핑계할 수 없다, 오! 판단하는 모든 사람아, 왜냐하면 네가 다른 사람을 판단하는 그것 안에서, 네 스스로를 네가 정죄한다 왜냐하면 그 같은 일들은 판단하는 네가 실행하기 때문이다.

성경은 남을 판단하는 것을 큰 죄로 본다. 그들에게 하나님의 심판이 임한다는 것이다. 그렇다면 왜 성경은 남을 판단하는 죄를 심각하게 보는가?

본문에는 크리노(판단하다)를 기본형으로 하는 단어가 4회 나온다. 크리논(네가 판단하는) 2회, 크리네이스(네가 판단한다) 1회, 카타크리네이스(네가 완전히 판단한다/정죄한다) 1회이다. 바울은 크리노(판단하다)의 반복적 사용을 통해 그리스도인이 누군가를 판단하고 정죄하는 것의 위험성에 대해 말하고 있다.

크리노는 선악이나 옳고 그름을 구별하는 것을 뜻한다. 일반

적으로 재판장에서 쓰는 말이지만 운동경기와 같이 잘잘못을 가리는 일에도 쓰인다. 영어 성경에서는 **크리노**를 judge로 한글개역에서는 "판단하다"로 번역한다. 본문의 메시지는 다른 사람의 잘못을 함부로 판단하고 정죄하지 말라는 것처럼 보인다. 그리스도인들끼리 서로 판단하고 정죄하지 말라는 의미처럼 보이지만 사실 원문의 의미는 그게 아니다.

한글개역에서 "남"이라고 번역된 **톤 헤테론**은 완전히 다른 사람 즉 예수를 믿지 않는 불신자를 가리킨다. 만일 그리스도인들끼리 서로 판단하지 말라는 의미라면 **톤 알론**을 사용했을 것이다. 이것은 그리스도인들이 불신자들을 함부로 판단하고 정죄하는 것에 대한 경고이다.

엔 호 가르 크리네이스 톤 헤테론(그것 안에서 네가 다른 사람을 심판하기 때문이다)에서 관계대명사인 **엔 호**(그것 안에서)는 "불의한 일을 행함 안에서"라는 의미이다. 본문의 핵심은 불신자들을 정죄하지 말라는 게 아니라 그들과 같은 일을 행하면서 불신자들을 정죄하지 말라는 것이다. 그렇게 하면 그 정죄가 바로 자신을 향하게 된다는 것이다.

세아우톤 카타크리네이스(네 스스로를 정죄한다)에서 **카타크리네이스**는 **카타**(강조접두어)+**크리네이스**(판단하다)의 합성어로 "심하게 판단하는 것" 즉 "정죄한다"는 의미이다. 자기도 같은 일을 하면서 다른 사람을 판단하는 것은 자신을 정죄하는 것이 된다. 여기서 **카타크리네이스**(정죄하다)라는 강한 표현을 사용한 것은 기독교인들이 세상 사람들을 함부로 판단하다가 자신도 하나님의 심판을 받을 수 있음을 경고하기 위함이다.

그리스도인들 중에는 세상 사람의 잘못을 지적하면 가만히 있다가 그리스도인의 잘못을 지적하면 "판단하지 마세요. 성경이 판단하지 말라고 하잖아요."라고 쏘아 붙이는 사람들이 있다. 성경이 말하는 바는 그리스도인들이 교회 내에서 행하는 불의를 판단하지 말라는 것이 아니라 그것을 세상 법정에 가져가지 말라는 것이다.

바울은 고린도교인들이 교회 내 다툼을 세상 법정으로 가져가는 것을 보고 이렇게 말한다. "성도가 세상을 판단할 것을 너희가 알지 못하느냐? 세상도 너희에게 판단을 받겠거든 지극히 작은 일 판단하기를 감당하지 못하겠느냐?"(고전6:1-2)

고린도교회에서 일어났던 이런 일들이 오늘날 한국교회에서 다반사로 일어나고 있다. "기독교인들이 서로 조금만 양보하면 해결 될 일을 툭하면 법정으로 가지고 오는 걸 보면 정말 답답하다"는 어느 판사의 하소연을 인터넷에서 본 적이 있다.

본문에서 바울이 말하려는 바는 기독교인들이 불신자들을 판단하지 말라는 것이 아니라 그들과 똑같은 짓을 하면서 그들을 판단하고 정죄하지 말라는 것이다. 그리스도인들은 불신자들의 죄를 판단하기에 앞서 먼저 자신들의 죄의 문제를 판단해야 한다. 자신들도 같은 죄를 지으면서 남을 판단하는 행위는 비록 그리스도인일지라도 하나님의 심판을 피하지 못할 것이다.

(2:2) 하나님은 진리에 따라 심판하신다

(개역) 이런 일을 행하는 자에게 하나님의 심판이 진리대로 되는 줄 우리가 아노라

ὄιδαμεν δὲ ὅτι τὸ κρίμα τοῦ θεοῦ ἐστιν κατὰ ἀλήθειαν
(우리는) 알고 있다 그런데 것을   그   판단이   그   하나님의 존재한다   따라서   진리를
ἐπι τοὺς τὰ τοιαῦτα πράσσοντας.
위에서 그(사람들)   그   이런 일들을   실행하고 있는

(직역) 그런데 우리는 알고있다 하나님의 그 판단이 진리를 따라서 존재한다는 것을 이런 일을 실행하고 있는 그 사람들 위에

"이런 일을 행하는 자에게 하나님의 심판이 진리대로 되는 줄 우리가 안다"에서 "우리가 안다"(**오이다멘**)라는 말이 우리말 번역에서는 문장 맨 뒤에 있지만 헬라어 원문에서는 맨 앞에 있다. **오이다멘**은 눈으로 보듯이 분명히 아는 것을 말한다. 불의를 행하는 자들에게 "그 하나님의 그 판단"(**토 크리마 토 데우**)이 있다는 것은 성경을 보면 누구나 분명히 알 수 있다는 것이다.

하나님(**데우**)과 판단(**크리마**) 앞에 정관사가 붙어있는 것은 마지막 때에 성부 하나님에 의해서 행해지는 특별한 판단 즉 최후의 심판을 가리킨다. 또한 "진리대로"(**카타 알레데이안**)라는

말은 "성경에 기록된 진리대로"라는 의미이다. 성경에 그런 내용이 기록되어 있다는 것이다.

중요한 것은 그 다음에 나오는 "이런 일들을 실행하는 그 사람들 위에"라는 전제조건이다. 여기서 이런 일들을 실행하는 그 사람들은 앞 절에 나오는 세상 사람들과 같은 죄를 지으면서 그들을 판단하는 사람들이다.

기독교인들 중에는 세상 사람들과 똑같은 죄를 지어도 예수를 믿었다는 이유만으로 자기는 하나님의 심판을 피할 수 있다고 생각하는 사람들이 있는데 이것은 상당히 위험하다. 최후의 심판 때에 하나님은 세상에 살았던 사람들 모두를 - 예수를 믿었던 믿지 않았던 간에 - 심판대에 세우고 진리에 따라 심판하실 것이다.

(2:3) 불의를 행하는 자는 누구도 심판을 피할 수 없다

(개역)이런 일을 행하는 자를 판단하고도 같은 일을 행하는 사람아, 네가 하나님의 심판을 피할 줄로 생각하느냐?

λογίζῃ δὲ τοῦτο, ὦ ἄθρωπε ὁ κρίνων τοὺς τὰ τοιαῦτα πράσσοντας
(너는)생각하느냐 그런데 이것을   오 사람아   그(사람이) 판단하는 그(사람들을) 그 이런 일들을   실행하는

καὶ ποιῶν αὐτά, ὅτι σὺ ἐκφεύξῃ τὸ κρίμα τοῦ θεοῦ;
그리고 행하는 같은 일들을   것을 너는 (자신을)피하게 할거라는 그   판단을   그   하나님의

(직역)그런데 너는 이것을 생각하느냐? 오 사람아! 이런 일들을 실행하는 사람들을 판단하는 그리고 같은 일을 행하는, 너는 네 자신이 하나님의 그 판단을 피하게 할 거라고.

그리스도인들 중에는 불의를 행하는 이방인들에게 하나님의 심판을 경고하면서 자신들은 불의를 행해도 그 심판에서

피할 줄로 생각하는 사람들이 있다. 하지만 바울은 이런 사람들은 절대로 하나님의 심판을 피할 수 없다고 말한다. 여기서 하나님의 심판이라 함은 지옥 가는 심판을 말한다.

한글개역에 "피할 줄로" 번역된 **에크퓨세**는 "도망치다"이다. 중간디포태로 쓰였는데 불의를 행하면서 심판의 자리에서 스스로를 도망가게 할 수 있는 사람은 아무도 없다는 것이다. 그럼에도 기독교인들 중의 많은 수가 예수 믿고 교회를 다니기만 하면 불의를 행해도 죽어서 천국에 간다는 생각을 갖고 있는데 이것은 잘못된 구원의 확신 교리 때문이다.

나는 신학교 강의에서 학생들에게 이런 질문을 한 적이 있다. "A라는 기독교인과 B라는 불교인이 있다. 그런데 C라는 무신론자가 보니까 A는 불의를 행하고 B는 의를 행한다면 이들이 죽었을 때 누가 천국에 들어갈 수 있을까?"

엉뚱해 보이는 질문이지만 기독교인들이 한 번 쯤 생각해 볼 문제이다. 답변의 대부분은 "불의한 기독교인은 천국에 가고, 의로운 불교인은 지옥에 간다"는 것이었다. 왜 그렇게 생각하느냐고 물었더니, "믿음으로 천국에 가는 것이지 행함으로 천국에 가는 것이 아니냐"는 것이다. 예수를 믿기만 하면 불의를 행해도 천국에 간다는 논리이다.

이에 대한 나의 견해는 둘 다 천국에 못 들어가거나 만일 둘 중에 한 명이 천국에 간다면 '의로운 불교인'일 거라고 생각한다. 이유는 하나님은 의인을 찾지 종교인을 찾지 않기 때문이다. 소돔이 불심판을 받을 때 하나님은 의인 5명을 찾았지 열심히 믿는 종교인 5명을 찾은 게 아니다.

그렇다면 불의를 행해도 예수를 믿기만 하면 천국에 들어간다는 논리는 어떻게 만들어진 것일까? 아마도 세상 사람들의 불의를 비판하면서 자신도 똑같은 불의를 행하는 기독교인들이 만들어냈을 것이다. 오랫동안 신앙생활을 해도 변화되지 않는 자신의 모습이나 다른 기독교인들의 모습을 보면서 하나님의 의를 이루는 삶이 불가능하다는 결론을 내렸고, 그럼에도 불구하고 죽은 뒤 천국에는 가야 하기에 예수를 믿기만 하면 행함이 없어도 천국에 간다는 이상한 논리를 만들어낸 것이다.

이렇게 해서 만들어진 것이 오늘날 교회가 구원교리로 믿고 있는 "이신칭의"이다. 내가 이런 말을 하면 "그렇다면 당신은 기독교 정통신학인 이신칭의를 부정합니까?"라는 질문을 할 것이다. 나는 종교개혁의 원동력이 된 "이신칭의"가 성경적이라고 본다. 하지만 불의하게 살아도 예수를 믿기만 하면 하나님이 의롭다고 여긴다는 논리는 비성경적이다. 성경이 말하는 "이신칭의"는 하나님은 예수 믿고 의로운 삶을 사는 자들을 의롭게 여긴다는 것이다. 성경 어디에도 더러운 죄를 짓는 자들이 예수를 믿고 종교생활을 한다는 이유만으로 하나님이 의롭게 여기신다는 말씀은 없다.

그러면 "나는 의인을 구원하러 온 게 아니라 죄인을 구원하러 왔다"는 말씀과 "병자에게 의사가 필요하지 건강한 자에게 필요한 것이 아니라"는 예수님 말씀은 무엇이냐는 반문이 있을 수 있다. 물론 병자에게 의사가 필요한 것은 맞다. 하지만 병자가 병원에 왔다는 것만으로 "당신은 다 나았다."라고 말하는 의사는 없다. 치료 받고 병을 고친 다음에 "다 나았다."고 말한다. 기독교의 구원도 마찬가지이다. 예수를 믿기 위해 교회에 출석했다고 구원받은 것이 아니라 예수를 믿음으로 하나님과의 온전한 관계를 맺고 하나님의 의를 행할 수 있는 사람이 되어야 구원 받은 것이다.

이렇게 보면 성경이 말하는 구원은 '이신칭의'가 아니라 '이신득의'가 되어야 맞다. 하나님은 예수를 믿고 종교생활을 하는 자를 의롭게 여기는 분이 아니다. 하나님께 의롭게 여김을 받으려면 예수를 믿고 하나님의 의를 나타내어야 한다. 복음에는 하나님의 의가 나타나서 믿음으로 믿음에 이르게 한다(롬1:17)

예수를 믿는 중에 잘못된 교리를 무조건 추종하는 것만큼 나쁜 것은 없다. 내가 속한 교회의 교리일지라도 잘못된 것이 있다면 고쳐야 한다. 그것이 올바른 종교개혁 정신이다.

루터가 종교개혁을 할 당시의 가톨릭교회가 부패한 이유

는 성경 말씀에서 진리를 찾으려 하지 않고 자신들의 전통과 교리를 무조건 따랐기 때문이다. 그들 중 아무도 자신이 믿는 교리가 틀릴 수 있음을 의심하지 않았다. 다행히도 그것을 의심한 루터를 통해 하나님은 죽어가는 교회를 살리는 일을 하셨는데 그것이 바로 종교개혁이다. 그리고 그 후손이 바로 우리 개신교인들이다. 하지만 오늘날 개신교회 역시 루터 당시의 가톨릭교회와 똑같은 오류를 범하고 있다. 자신이 속한 교단의 교리와 신학을 묻지도 따지지도 않고 받아들이는 것을 정통신앙으로 생각한다.

기독교의 기본정신은 종교개혁자 루터가 가졌던 개혁신앙이다. 고인 물이 썩는 것처럼 신앙도 정체되면 부패된다. 전통이나 교리나 신학도 마찬가지이다. 그래서 개혁신앙이 필요한 것이다. 종교개혁자 마틴 루터가 교회를 개혁했고, 존 칼빈도 교회를 개혁했다. 그런 의미에서 요한 웨슬레와 칼 바르트 역시 개혁신앙을 가진 자들이다. 루터와 칼빈이 종교개혁을 이룰 수 있었던 것은 아무리 오래된 교리나 전통일지라도 잘못된 것은 개혁되어야 한다는 생각을 했기 때문이다. 그런데 언제부터인가 개혁신앙이 자신들의 교리와 신학을 철저히 고수하는 신앙으로 변질되었다. 한국교회가 개혁되지 못하고 속으로 썩어가는 것은 이 때문이다.

종교개혁 후 500년 동안 내려온 이신칭의 교리일지라도 잘못된 것이 있다면 바꿔야 한다. 내 말은 이신칭의 자체를 없애라는 것이 아니라 이신칭의에 대한 잘못된 이해를 바꾸라는 것이다. 모든 학문은 이전 사람들이 이루어 놓은 것의 잘된 것은 받아들이고, 잘못된 것은 바꾸어 나감을 통해 발전한다. 신학도 마찬가지이다.

보수신앙을 가진 한국교회는 교단의 교리와 신학에 대한 무조건적인 추종을 하는 경향이 있다. 하지만 어떤 교리나 신학도 100% 옳은 것은 없다. 그러므로 신학자들은 자신이 속한 교단의 교리와 신학을 무조건 옹호할 것이 아니라 잘못된 부분은 고쳐나가고 부족한 부분은 채워나가야 한다.

칼빈주의 신학자들은 칼빈신학의 잘못된 것을 찾아서 고쳐나가고, 웨슬레주의 신학자들은 웨슬레신학의 잘못된 것을 고쳐나가고, 바르트주의 신학자들은 바르트신학의 잘못된 것을 고쳐나가야 한다. 그것이 그들에게 주어진 사명이다. 그렇게 할 때 기독교 신학은 꾸준히 발전될 것이고 기독교 신앙이 세상에서 하나님의 의를 이루는 일을 감당하게 될 것이다.

(2:4) 심판의 근원 : 하나님의 인자와 관용과 오래 참음

(개역)혹 네가 하나님의 인자하심이 너를 인도하여 회개하게 하심을 알지 못하여 그의 인자하심과 용납하심과 같이 참으심이 풍성함을 멸시하느냐?

ἤ τοῦ πλούτου τῆς χρηστότητος αὐτου καὶ τῆς ἀνοχῆς
혹은 그 풍성함을(그것을)   그 인자함의   그의 그리고 그 관용의

καὶ τῆς μακροθυμίας καταφρονεῖς, ἀρνοῶν ὅτι τὸ χρηστὸν
그리고 그 오래참음의   네가 멸시하느냐   알지 못하면서) ~라는 것을 그 인자하신 것이

τοῦ θεοῦ εἰς μετάνοιάν σε ἄγει;
그   하나님의   속으로   회개   너를 인도한다는(것을)

(직역)혹 그 인자함의 그 풍성함의(그것을) 그리고 그 관용의(그것을) 그리고 그 오래참음의(그것을) 네가 멸시하느냐, 하나님의 그 인자하신 것이 너를 회개 속으로 인도한다는 것을?

　기독교인 중에 천국의 존재는 인정하지만 지옥의 존재는 인정하지 않는 사람들이 있다. 만인구원론자들은 지옥의 존재를 부인한다. 사랑의 하나님이 사람들을 지옥에 보내 고통받게 하겠느냐는 것이다. 그래서 예수 믿고 구원받은 사람들은 상급으로 천국에 가지만 믿지 않은 사람들은 무(無)로 돌아간다고 주장한다. 논리적으로는 말이 될 수 있다. 하지만 성경은 지옥이 존재한다는 것과 악을 행하는 사람들이 지옥에 갈 것임을 분명히 말하고 있다.

　그렇다면 사랑의 하나님이 지옥을 만드신 이유는 무엇일까? 물론 세상에서 불의를 행한 사람들을 지옥에 보내기 위함이다. 하지만 하나님이 지옥을 만든 원래 의도는 사람들이 불의를 행하지 않도록 막기 위함이다. 세상에 감옥이 있는 이유가 죄를 지은 사람들을 감옥에 보내기 위함이 아니라 사람들이 죄를 짓지 않도록 막기 위함인 것과 같다. 본문의 한글개역은 다음과 같다.

　"혹 네가 하나님의 인자하심이 너를 인도하여 회개하게 하심을 알지 못하여 그의 인자하심과 용납하심과 길이 참으심이 풍성함을 멸시하느냐?"

원문 직역에서 하나님의 성품을 나타내는 **투 플루투 테스 크레스토테토스**(그 인자하심의 풍성함)과 **테스 아노케스**(그 관용)과 **테스 마크로뒤미아스**(그 오래참음)이 모두 소유격이다. 한글개역이 목적격으로 번역한 것과는 다르다. 헬라어에서 소유격은 명사를 수식하는데 수식하는 명사가 없을 때는 소유대명사로 보아야 한다. 그래서 "그 인자하심의 풍성함의 그것"으로 번역되는데 여기서 그것은 앞에서 언급된 **토 크리마**(그 심판)로 하나님의 최후 심판을 가리킨다.

하나님의 최후의 심판은 하나님의 인자하심의 풍성함과 관용과 오래 참음에서 나온 것이다. 하나님은 우리가 이 땅에서 불의를 행할 때 곧바로 심판할 수도 있지만 관용하고 오래 참는 것은 회개할 기회를 주기 위함이다.

"네가 하나님의 인자하심이 너를 인도하여 회개케 하심을 알지 못하면서"(롬2:4).

이 구절의 원문에서 첫 단어인 **아그노온**은 아(부정접두어)+**노아에오**(마음으로 알다)의 합성어로 "마음으로 알지 못한다"라는 뜻이다. 하나님이 복음을 상실한 그리스도인을 오래 참으면서 회개케 하려하지만 정작 그들은 그것을 알지 못한다.

하나님은 예수 믿고 성령을 받은 후 복음을 상실한 그리스도인 마음속에 "네가 이런 죄를 계속해서 지으면 심판을 받아 지옥에 갈 것이다"는 마음을 넣어주는데 그것이 바로 하나님의 인자하심이다. 하지만 그럼에도 그것을 마음으로 받아들이는 게 쉬운 일은 아니다. 복음을 상실한 그리스도인들은 하나님이 그런 마음을 주실 때 빨리 죄에서 돌이켜 하나님께로 나아가야 한다.

회개(**메타노이아**)는 **메타**+**노이아**의 합성어로 "마음을 뒤로 돌이키다"라는 의미이다. 죄를 뉘우치고 통회 자복하는 것을 회개로 생각하는 사람들이 있는데 그것은 불교적 관점의 회개이다. 기독교의 회개는 하나님을 떠난 상태에서 하나님께로 돌이키는 것이다. 기독교 신앙에서의 죄(**하마르티아**)는 하나님을 떠난 것이며 도덕적 타락은 하나님을 떠난 결과이다.

(2:5) 심판에 대한 두려움이 있어야 회개가 나온다

(개역) 다만 네 고집과 회개치 아니한 마음을 따라 진노의 날 곧 하나님의 의로우신 심판이 나타나는 그 날에 임할 진노를 네게 쌓는도다.

κατὰ δὲ τὴν σκληρότητα σου καὶ ἀμετανόητον καρδίαν
따라   그런데 그   완고함   너의   그리고 회개하지 않는   마음을

θησαυρίζεις σεαυτῷ ὀργὴν ἐν ἡμέρα ὀργῆς καὶ ἀποκαλύψεως
(너는)쌓고 있다 너 자신에게 진노를 에   날   진노의 그리고   드러남의

διακιοκρισίας τοῦ θεοῦ
    의로운 심판의   그   하나님의

(직역) 그런데 너의 그 완고함과 회개하지 않는 마음을 따라 너는 네 자신에게 진노를 쌓고 있다. 진노의 날에 그리고 하나님의 의로운 심판의 나타만 네 고집과 회개하지 아니한 마음을 따라 진노의 날 곧 하나님의 의로우신 심판의 (날에).

복음을 상실한 그리스도인들이 하나님께 돌아오려면 심판에 대한 두려움이 있어야 한다. 그런데 구원의 확신의 교리가 그들의 발목을 잡는다. 교회 안에 널리 퍼져있는 구원의

확신의 교리로 인해 죄 가운데 살면서도 심판하시는 하나님에 대한 두려움을 갖지 않고 도리어 천국에 갈 수 있다는 확신을 갖는다. 하지만 구원은 내가 구원의 확신을 갖는다고 받는 게 아니라는 사실을 알아야 한다.

예수를 믿기만 하면 과거의 죄와 현재의 죄 그리고 미래의 죄까지 다 용서받으며, 한번 구원은 영원한 구원이라고 가르치는 사람들이 있다. 심지어는 종말의 때에 있을 백보좌의 심판도 예수를 믿지 않는 자들을 위한 것이며, 예수 믿는 사람들은 심판 없이 천국으로 직행한다고 가르친다. 이런 터무니없는 가르침으로 인해 많은 기독교인들이 죄를 지으면서도 심판을 두려워하지 않는 존재가 된다. 그들은 성경을 보면서 자신들을 향한 경고의 말씀도 예수 안 믿는 자들에 대한 경고로 여기며 무심히 넘긴다.

"다만 네 고집과 회개하지 아니한 마음을 따라 진노의 날 곧 하나님의 의로우신 심판이 나타나는 그 날에 임할 진노를 네게 쌓는도다."

하지만 모든 성경은 예수를 믿는 자들을 위한 것이지 믿지 않는 자들을 위한 게 아니다. 예수를 믿지 않는 자들은 성경에 관심도 없고 보지도 않는다. 하나님이 그런 그들을 위해 성경을 기록하실 리가 없다.

본문에서 바울은 "그런데 너의 그 완고함을 따라"라고 하면서 2인칭 단수 **쉬**(너의)를 사용한다. 여기서 **쉬**(너의)는 바울이 로마교회의 특정한 개개인을 2인칭 단수로 칭하는 것으로 예수 믿고 성령을 받았음에도 복음을 상실하여 죄 가운데 빠진 그리스도인을 가리킨다. 한글개역에서 완고함으로 번역된 **스클레로테타**는 "피부가 굳어서 무감각해진 것"을 뜻한다. 잘못된 교리에 세뇌되어 죄에 대해 무감각해진 그리스도인을 가리킨다.

"회개하지 않는 마음"(**아메타노에톤 카르디안**)은 그들의 마음이 굳어져서 죄책감을 상실하였기에 하나님께로 돌이키지 않는다는 것이다. **아메타노에톤**는 **아**(부정접두어)+**메타노에오**(회개하다)의 합성어로 "회개하지 않는"을 뜻하며, 헬라어 **메타노에오**는 **메타**(뒤로)와 **노에오**(마음)의 합성어로 "마음을 뒤로 돌이킨다"는 의미로 기독교 신앙에서는 마음을 하나님께로 돌이킨다는 의미로 사용된다. 결국 죄에 대한 무감각(**테 스클레로테타**)과 하나님께 돌이키려는 마음이 없음(**아메타노에톤 카르디안**)으로 인해 하나님의 진노의 심판이 임하는 것이다.

본문에는 진노(**오르게스**)라는 말이 두 번 나온다. 그들에 대한 하나님의 진노가 분명히 있음을 강조하기 위함이다.

한글개역에서 '진노'로 번역된 **오르게스**는 단순히 어떤 일로 인해 분노하는 것이 아니라 진노하는 성향을 갖고 있는 것을 말한다. 하나님은 진노하실 때가 있다. 하나님의 진노는 하나님의 백성들에게 나타난다. 하나님의 백성이 아닌 자들 보다 하나님의 백성들이 불의를 행할 때 진노하신다. 이렇게 보면 최후 심판은 하나님의 백성들이 의를 행했는가, 불의를 행했는가를 심판하는 날이다.

복음을 상실한 그리스도인들은 그들이 행하는 죄로 인해 심판의 날에 임할 진노를 쌓는다. 한글개역에서 "쌓는도다"로 번역된 동사 **데사우리제이스**는 "무언가를 저장해서 쌓아놓는 것"으로 현재시제이다. 그들이 날마다 짓는 죄로 인해 하루하루 하나님의 진노가 쌓여가고 있다는 것이다.

"하나님의 의로우신 심판이 나타남"(**아포칼립세오스 디카이오크리사이스 투 데우**)에서 **디카이오크리사이스**는 **디카이오스**(의로운)+**크리시스**(판단)의 합성어이다. 하나님의 의로운 판단이 계시되는 진노의 날은 마지막 심판인 백보좌의 심판을 가리킨다. 그리스도인들은 하나님의 심판의 날에 대한 두려움이 있어야 복음을 상실하는 어리석음을 범치 않는다.

이렇게 보면 예수를 믿었으니까 죄를 짓더라도 천국에 들어갈 수 있다는 구원의 확신처럼 어리석은 것은 없다. 내가 구원을 확신한다고 천국에 자동으로 들어가는 것이 아니라 백보좌의 심판을 통과해야 천국에 들어갈 수 있다. 따라서 기독교인은 백보좌의 심판을 받지 않는다는 가르침은 옳은 것이 아니다. 구원의 확신 교리에서 비롯된 가짜 복음으로 이단인 구원과 신앙과 별 차이가 없다. 이러한 가짜 복음에 세뇌를 당하면 죄를 지어도 죄책감이 없어지고, 스스로 의인인 척 하는 일이 벌어진다. 더 큰 문제는 이런 사람들이 회개하고 하나님께 돌이키는 것이 쉽지 않다는 것이다. 오늘날 한국교회에서 참된 회개가 일어나지 않고 성령을 받는 사람들이 드문 것은 이 때문이다(행2:38).

2:6-11
심판의 기준은 무엇인가

(2:6) 성경이 말하는 심판의 기준

(개역)하나님께서 각 사람에게 그 행한 대로 보응하시되

$$\text{ὃς ἀποδώσει ἑκάστῳ κατὰ τὰ ἔργα αὐτοῦ·}$$

(그런데)그가 갚아줄 것이다 각 사람에게 따라 그 일에 그의

(직역)그런데 그가 갚아줄 것이다 각 사람에게 그의 일에 따라

그렇다면 성경이 말하는 심판의 기준은 무엇인가? 오직 민음만으로 심판하는가 아니면 행함도 심판의 기준이 되는가? 바울은 그리스도인의 심판에 있어서는 그가 이 땅에서 무슨 일을 했는가가 중요하다고 말한다.

본문은 주격관계대명사 **호스**(그러므로 그가)로 시작한다. 여기서 '그'는 앞 절에 나오는 **투 데우**(그 하나님)을 가리킨다. 성부 하나님이 각 사람에게(**헤카스토**) 보응하신다는 것이다. **헤카우토**는 "각각의 사람"(each person)을 가리킨다. 하나님은 이 땅에 있는 모든 사람을 각각 보응하신다.

한글개역에서 "보응하시되"로 번역된 **아포도세이**는 **아포**(~로부터)+**디도미**(주다)의 합성어로 "되돌려주는 것"을 뜻한다. 하나님이 각 사람에게 되돌려준다는 것인데 중요한 것은 "그의

그 일(사역)에 따라"(카타 타 에르가 아우투) 되돌려준다는 것이다.

본문의 **타 에르가**는 복음으로 구원을 받은 그리스도인들이 이 땅에서 어떤 일을 했는가를 본다는 것이다. 한글개역에서 행위로 번역된 **에르가**는 기본형이 **에르곤**으로 일이나 사역을 뜻한다.

하나님이 예수 그리스도를 통하여 우리를 구원하신 이유는 세상에서 의로운 일을 하도록 하기 위함이다. 윤리적으로 의롭게 살았느냐, 불의하게 살았느냐를 보는 게 아니라 하나님 나라의 의로운 일군으로서의 사명을 감당했는가를 보신다. 따라서 예수를 믿기만 하면 의로운 삶을 살지 않더라도 죽어서 천국에 간다는 생각은 위험하다. 야고보서에서 "행함(사역)이 없는 믿음은 죽은 믿음"이라는 것도 같은 의미이다.

"하나님께서 각 사람에게 행한 대로 보응하리라"는 말씀은 마지막 심판 때에 예수를 믿은 각 사람이 세상에서 의로운 사역을 했는가 아니면 불의한 사역을 했는가를 가지고 심판하시며 그 대가를 치르게 한다는 것이다. 그로 인해 천국과 지옥이 갈리게 된다.

이렇게 보면 성경이 말하는 심판의 기준은 믿음이 아니라 행함(사역)이 된다. 사람이 죽어서 지옥에 간다면 이 땅에 하나님이 의를 이루며 살라고 주신 생명을 불의한 일에 썼기 때문이다. 성경에는 이것을 뒷받침하는 내용들이 많이 있다.

계20장은 마지막 심판 때의 모습을 이렇게 기록하고 있다.

또 내가 보니 죽은 자들이 큰 자나 작은 자나 그 보좌 앞에 서 있는데 책들이 펴 있고 또 다른 책들이 펴졌으니 곧 생명책이라 죽은 자들이 자기 행위를(**타 에르가**) 따라 책들에 기록된 대로 심판을 받으니 바다가 그 가운데에서 죽은 자들을 내주고 또 사망의 음부도 그 가운데에서 죽은 자들을 내주매 각 사람이 자기의 행위(**타 에르가**)대로 심판을 받고(계20:12~13).

사도요한이 본 마지막 심판 때의 모습은 심판의 기준이 예수를 믿었느냐 안 믿었느냐가 아니라 이 땅에서 하나님의 사역을 제대로 했느냐, 하지 않았느냐에 달려있음을 보여준다. 여기에서 "죽은 자들"이 예수를 믿지 않고 죽은 자들이라는 주장이 있다. 예수를 믿지 않고 죽은 사람들만이 심판대에 선다는 것이다. 반면에 예수를 믿고 죽은 사람들은 이미 구원받기로 예정된 자들이므로 심판대에 서지 않고 천국으로 직행한다는 것이다. 그러나 이런 주장의 문제점은 예수를 믿지 않은 사람들이 이미 지옥에 가기로 예정된 자들이라면 바로 지옥으로 보내면 되지 굳이 심판대에 세울 이유가 무엇인가 하는 것이다.

마지막 마태복음 25장에 나오는 심판 때 일어날 일에 대한 예수님의 말씀을 살펴보자.

모든 민족을 그 앞에 모으고 각각 구분하기를 양과 염소를 구분하는 것 같이 하여 양은 그 오른편에 염소는 왼편에 두리라. 그 때에 임금이 그 오른편에 있는 자들에게 이르시되 내 아버지께 복 받을 자들이여 나아와 창세부터 너희를 위하여 예비된 나라를 상속 받으라 내가 주릴 때에 너희가 먹을 것을 주었고 목마를 때에 마시게 하였고 나그네 되었을 때에 영접하였고 헐벗었을 때에 옷을 입혔고 병들었을 때에 돌보았고 옥에 갇혔을 때에 와서 보았느니라... 또 왼편에 있는 자들에게 이르시되 저주를 받을 자들아 나를 떠나 마귀와 그 사자들을 위하여 예비된 영원한 불에 들어가라. 내가 주릴 때에 너희가 먹을 것을 주지 아니하였고 목마를 때에 마시게 하지 아니하였고... 그들도 대답하여 이르되 주여 우리가 어느 때에 주께서 주리신 것이나 목마르신 것이나 나그네 되신 것이나 헐벗으신 것이나 병드신 것이나 옥에 갇히신 것을 보고 공양하지 아니하더이까? 이에 임금이 대답하여 이르시되 내가 진실로 너희에게 이르노니 지극히 작은 자 하나에게 하지 아니한 것이 곧 내게 하지 아니한 것이니라 하시리니 그들은 영벌에, 의인은 영생에 들어가리라 하시니라(마25:33-45).

본문을 보면 백보좌의 심판대에 선 사람들은 살아서 예수를 믿었던 사람들이다. 그런데 믿음에 대해서는 한마디 언급 없이 모두 행함(사역)에 대한 이야기만 있다. 지극히 작은 자에게 어떤 일을 했느냐가 천국과 지옥에 들어가는 결정적 이유이다.

마태복음 7장은 예수님을 주로 불렀다고 해서 다 천국에 들어가는 것이 아니며, 주의 이름으로 많은 사역을 했다고 해도

하나님의 뜻대로 행하지 않은 자는 천국에 들어가지 못한다고
말한다.

> 나더러 주여, 주여 하는 자마다 다 천국에 들어갈 것이 아니요
> 다만 하늘에 계신 내 아버지의 뜻대로 행하는 자라야 들어가리
> 라. 그 날에 많은 사람이 나더러 이르되 주여, 주여 우리가 주
> 의 이름으로 선지자 노릇 하며 주의 이름으로 귀신을 쫓아내며
> 주의 이름으로 많은 권능을 행하지 아니하였나이까 하리니, 그
> 때에 내가 그들에게 밝히 말하되 내가 너희를 도무지 알지 못
> 하니 불법을 행하는 자들아 내게서 떠나가라 하리라(마7:21~23).

성경에 기록된 마지막 심판 때의 두 장면의 공통점은 예
수 믿는 자들이 이 땅에서 어떤 삶을 살았는가 하는 것이다.
하지만 오랜 신앙생활 중에 예수를 믿기만 하면 의로운 삶을
살지 않아도 천국에 들어갈 수 있다는 말에 세뇌된 사람들은
이런 성경 말씀을 보면서도 전혀 두려움을 갖지 않는다. 이
렇게 된 것은 멸망이 눈앞에 있는데도 "평안하다, 안전하다"
고 선포하는 거짓선지자들 때문이다(살전5:3). 교회 안에서
전해진 잘못된 복음이 신자들로 하여금 불의를 행하면서도
지옥에 갈 것을 전혀 두려워하지 않는 강심장으로 만든다.
한국교회가 회복되려면 잘못된 교리로 인해 죄 가운데 살면
서도 하나님의 심판을 두려워하지 않는 상태에서 빨리 벗어
나야 한다.

(2:7)어떤 자가 영생을 얻는가

(개역) 참고 선을 행하여 영광과 존귀와 썩지 아니함을 구하는 자에게는 영생으로 하시고

τοῖς μὲν καθ' ὑπομονὴν ἔργου ἀγαθοῦ δόξαν καὶ τιμὴν
그(자들에게) 한편   따라   (보좌)아래 머무름을   사역의   선한   영광을   그리고   존귀를

καὶ ἀφθαρσίαν ζητοῦσιν ζωὴν αἰώνιον,
그리고   썩지 않음을   추구하는   생명을   영원한

(직역) (그런데) 그 자들에게는 선한 사역의 (보좌)아래 머무름을 따라 영광과 존귀와 썩지 않음을(보응하신다) 영원한 생명을 추구하는(자들에게는).

본문은 예수 그리스도의 복음으로 구원을 얻은 그리스도인들이 어떻게 하나님의 의를 나타내는 사역자가 될 수 있는가를 보여주는 중요한 구절이다.

한글개역에서 "참고 선을 행하며"로 번역된 헬라어 **카드 휘포모네 에르구 아가두**를 직역하면 "선한 일의 **휘포모네**를 따라서"가 된다. 하나님의 의를 따라 선한 일을 행하는 하나님의 사람이 되려면 **휘포모네**의 사람이 되어야 한다.

한글개역에서 "참음"으로 번역한 **휘포모네**는 우리말 번역이 쉽지 않은 성경 헬라어이다. 신약성경에 자주 나오는 이 단어는 힘든 일을 참는다는 의미가 아니다. **휘포**(~아래)+**모네**(머물다)의 합성어로 "(하나님의 보좌)아래 머물다"라는 의미이다. 하나님의 의로운 일을 하는 사람이 되려면 지성소에 들어가 하나님의 보좌 아래 머물러야 한다. 헬라어에서 "힘든 일을 오래 참다"라는 의미의 단어는 **마크로뒤에오**가 있다.(히6:14 참조)

그런데 **휘포모네** 뒤에 **에르구 아가두**(선한 일의)라는 수식어가 붙어 "선한 일의 **휘포모네**를 따라서"가 되었다. 이것은 선한 일을 하게 하는 **휘포모네**라는 의미이다. **에르구 아가두**(선한 일)에서 **아가두**(기본형**아가도스**)는 하나님의 나라의 사역을 통해 다른 사람들을 구원하는 것을 말한다.

헬라어에는 '선하다'(좋다)라는 의미를 갖는 2개의 단어가 있는데 **아가도스**와 **칼로스**이다. **아가도스**는 "(남을 이롭게 해서) 좋다"는 말이고 **칼로스**는 "(가치가 있어서) 좋다"는 말이다.

어떤 사람이 예수님께 나아와 "선한(**아가도스**) 선생님이여"라고 하자 예수님은 "어찌하여 나를 선하다 하느냐 하나님 한 분 밖에는 선한 이가 없느니라"(막10:18)고 하였다. 이것은 하나님만이 **아가도스**의 사역 즉 하나님의 의를 통해 사람들을 이롭게 하실 수 있는 분이심을 말씀하신 것이다.

"선한 사역의 **휘포모네**를 따라서"에서 소유격 명사인 선한 사역은 목적격의 용법으로 "선한 사업을 위한 **휘포모네**를 따라서"로 보아야 한다. **휘포모네**를 하게 되면 하나님의 선한 사역인 하나님의 의가 이루어질 수 있다.

이렇게 보면 "선한 사역의 **휘포모네**를 따라서"(**카드 휘포모네 에르구 아가두**)는 그 다음에 나오는 분사구문인 "영광과 존귀와 썩지 아니함을 추구하는"(**독산 카이 티멘 카이 아프다르시안 제투신**)과 자연스럽게 연결된다. 또한 문장 맨 앞에 나오는 정관사 **토이**

스(여격,남성,복수)와 연결되어 "선한 사역의 **휘포모네**를 따라서 영광과 존귀와 썩지 아니함을 추구하는 자들"이 된다. 하나님 나라의 선한 일(**에르곤 아가두**)을 하게 하는 **휘포모네**를 따르면 "영광과 존귀와 썩지 아니함을 추구하는 자가 될 수 있다는 것이다.

한글개역에 '찾는'으로 번역된 **제투신**은 눈에 보이는 것을 얻기 위해 열심히 추구하는 것을 말하며, "영광과 존귀와 썩지 않음"으로 번역된 **독산**은 하나님의 영광을 뜻하며, **티멘**은 가치를 인정받는 것을 뜻하며, **아프다르시안**은 더럽혀지지 않는 것을 뜻한다. 그리고 이러한 삶을 사는 자들에게 주어지는 보상이 영생(**조엔 아이오니온**)이다. 영생은 하나님 나라에서 영원한 생명의 삶을 사는 것을 말한다.

본문의 의미는 하나님 나라의 선한 일을 하게하는 **휘포모네**를 따르면 영광과 존귀와 썩지 아니함을 추구하는 자가 될 수 있으며 이로 인해 하나님 나라에서 영생(영원한 삶)을 살게 된다는 것이다. 이것이 바로 예수 그리스도의 믿음으로 그리스도인들이 얻게 되는 구원이다.

(2:8) 어떤 자가 진노의 심판을 받는가

(개역)오직 당을 지어 잔리를 따르지 아니하고 불의를 따르는 자에게는 진노와 분노로 하시리라.

τοῖς δὲ ἐξ ἐριθείας καὶ ἀπειθοῦσι τῇ ἀληθείᾳ πειθομένοις
그(자들에게) 그런데 부터 사심에 잡착하는 그리고 불순종하는 그 잔리에 순종되어지는

δὲ τῇ ἀδικίᾳ ὀργὴ καὶ θυμός.
그런데 그 불의에   진노가   그리고 분노가(있다)

(직역)그런데 (어떤)사상에 집착하는 자들에게 그리고 그 진리에 불순종하는(자들에게) 그런데 그 불의에 순종되어지는(자들에게) 진노와 분노가(있다).

바울은 7절과 8절을 히브리시의 평행법 구조로 쓰고 있다. 평행법으로 두 구절을 대조해 보면 8절의 의미가 더 명백해진다.

① 선한 사역의 **휘포모네**를 따르는 ←→ (어떤)사상에 집착하는
② 영광과 존귀와 썩지 아니함을 추구하는 ←→ 진리에 불순종하고 불의에 순종하는
③ 영원한 생명 ←→ 진노와 분노

본문에서 **에리데이아스**는 "어떤 사상에 집착하는 것"을 뜻한다. 한글개역에서 "당을 지어"로 번역한 것은 어떤 사상에 집착하는 사람들이 모여 당을 짓기 때문이다. **엑스 에리데이아스**와 **카드 휘포모넨 에르구 아가두**를 대조해 보면 바울이 어떤 의미로 이 단어를 사용했는지를 알 수 있다. 복음적인 그리스도인들은 선한 사역을 하기 위해 **휘포모네** 즉 하나님의 보좌 앞에 나아가는 일을 하지만, 복음을 상실한 그리스도인들은 교리적 신앙에 빠져서 당을 짓는 일에 몰두한다는 것이다.

한글개역에서 "진리를 따르지 아니하고"로 번역된 **아페이두시테 알레데이아**는 직역하면 "그 진리에 대해서는 확신하지 않으면서"이다. **알레데이아**(진리)가 여격으로 쓰였으며 현재분사인

아페이두시는 아(부정접두어)+페이도(확신하다)의 합성어이다. 반면에 한글개역에서 "불의를 따르는"으로 번역된 페이도메노이스 테 아디키아는 직역하면 "그 불의에 대해서는 확신되어지면서"이다. 페이도메노이스가 현재분사수동태로 쓰였다. 이것은 복음을 상실한 자들이 불의를 행하는 것이 자신의 의지가 아니라 교리에 세뇌되어 당을 지었기 때문임을 보여준다.

교리를 추종하며 당을 짓는 사람들은 의로우신 하나님 앞에 나아가는 것에는 확신을 갖지 못하는 반면에 불의(아디키아)한 일에는 확신을 갖고 일한다. 교리나 사상 따라 당을 짓고 추종하는 삶이 하나님의 의를 나타내지 못한다는 것을 알면서도 확신을 버리지 못하는 것은 그 교리나 사상에 세뇌되었기 때문이다.

"그들이 이 같은 일을 행하는 자는 사형에 해당한다고 하나님께서 정하심을 알고도 자기들만 행할 뿐 아니라 또한 그런 일을 행하는 자들을 옳다 하느니라."(롬1:32)

자기가 속한 당의 교리나 사상에 빠져 불의에서 벗어나지 못하는 자들의 모습은 앞 절인 롬2:7절에 나오는 "영광과 존귀와 썩지 아니함"을 추구하는 사람들과는 대조를 이룬다. 그리고 이런 자들의 결말은 하나님의 진노(오르게)와 분노(뒤모스)이다. 뒤모스는 오르게보다 분노가 더 강렬한 것을 뜻한다.

본문의 이러한 대조는 하나님의 종이 하나님의 의를 나타내는 삶을 살아서 영생을 보상으로 받을 것인가 아니면 교리주의에 빠져 당을 짓고 불의를 행하는 삶을 살아서 하나님의 진노와 분노의 심판을 받을 것인가를 선택하라는 메시지가 담겨 있다.

(2:9)악을 행하는 각 사람의 혼에는

(개역)악을 행하는 각 사람의 영에는 환난과 곤고가 있으리니 먼저는 유대인에게요 그리고 헬라인에게며

θλῖψις καὶ στενοχωρία ἐπὶ πᾶσαν ψυχὴν ἀνθρώπου του
압박   그리고 좁은 공간이   위에   모든   혼   사람의   그

κατεργαζομένου τὸ κακόν, Ἰουδαίου τε πρῶτον καὶ Ἕλληνος·
함께 실천하고 있는   그   악한 일을   유대사람 또한 첫째는 그리고 헬라사람

(직역)그 악한 일을 함께 실천하고 있는 그 사람의 모든 혼 위에 압박과 좁은 공간이(있다)
첫째는 유대인에게 그리고 헬라인에게

본문의 한글개역은 "악을 행하는 사람의 영에는 환난과 곤고가 있으리니"라고 번역하였다. 이것은 악을 행하고 죽은 사람의 영은 지옥에서 환난과 곤고함을 받는다는 의미로 보이지만 원문과는 차이가 있다. 우선 한글개역에서 영으로 번역된 **프쉬켄**은 영이 아니라 "생명의 숨" 즉 "목숨"을 뜻하며 혼(soul)으로 번역해야 한다. 성경에서 영을 의미하는 헬라어는 **프뉴마**이다.

신약성경에서 **프뉴마**(영)와 **프쉬케**(혼)는 둘 다 숨(생명)과 관련이 있지만 **프뉴마**는 "하나님의 숨"을 뜻하고 **프쉬케**는 "피조물의 숨"을 뜻한다는 점이 다르다. 따라서 **프뉴마**는 성령으로

거듭난 그리스도인들에게만 있으며 **프쉬케**는 피조물 모두에게 있는 목숨이다. 바울이 "악한 일을 힘써 실행하는 그 사람의 모든 혼"이라는 표현을 쓴 것은 복음을 상실한 그리스도인들이 성령(**프뉴마**)를 소멸하면 세상 사람들과 똑같은 혼적인 존재가 된다는 것을 보여주기 위함이다.

본문 해석에서 중요한 것은 첫 부분에 나오는 **들립시스 카이 스테노코리아**이다. 한글개역은 이것을 "환난과 곤고"라고 번역했는데 이것 역시 원문의 의미와 다르다. 헬라어 **들립시스**는 "군중이 몰려들어 사람들을 압박하는 것"을 뜻한다. 영어로 번역하면 push이다. 그리고 **스테노코리아**는 **스테노**(좁은)+**코리아**(공간)의 합성어로 좁은 공간(방)을 뜻한다.

압박과 좁은 공간이라는 말은 복음을 상실하고 세상 사람들처럼 가치 없는 일을 실천하면서 살아가는 기독교인에게 하나님이 또 한 번의 기회를 주시기 위해 그들을 좁은 공간(**스테노코리아**) 즉 골방으로 들어가도록 압박(**들립시스**)을 하신다는 것이다.

한글개역에서 "악을 행하는"으로 번역한 **카테르가조메누 토 카콘**에서 **토 카콘**은 "가치 없는 일"을 뜻한다. 복음을 상실한 사람들이 교리주의에 빠져서 당을 짓는 것은 아무런 가치가 없는 일이라는 것이다.

"첫째는 유대인의(그것)이고 헬라인의(그것) 모두에게"라는 말은 로마교회에 있는 유대인 그리스도인의 혼과 헬라인 그리스도인의 혼 모두를 가리킨다. 여기서 소유격(소유대명사)을 사용한 것은 로마교회 안에서 당을 지어 교리적 문제로 다투고 있는 유대인 크리스천과 헬라인 크리스천 모두가 아무런 가치 없는 일에 빠진 혼적인 존재라는 것을 나타내기 위함이다.

(2:10)선을 행하는 각 사람에게 하나님은

(개역)선을 행하는 각 사람에게는 영광과 존귀과 평강이 있으리니 먼저는 유대인에게요 그리고 헬라인에게라

$$\overset{\text{영광이}}{\delta\acute{o}\xi\alpha} \; \overset{\text{그런데}}{\delta\grave{\epsilon}} \; \overset{\text{그리고}}{\kappa\alpha\grave{\iota}} \; \overset{\text{존귀가}}{\tau\iota\mu\grave{\eta}} \; \overset{\text{그리고}}{\kappa\alpha\grave{\iota}} \; \overset{\text{평안이}}{\epsilon\grave{\iota}\rho\acute{\eta}\nu\eta} \; \overset{\text{모두에게}}{\pi\alpha\nu\tau\grave{\iota}} \; \overset{\text{그(자에게)}}{\tau\hat{\wp}} \; \overset{\text{실천하는}}{\acute{\epsilon}\rho\gamma\alpha\zeta\omicron\mu\acute{\epsilon}\nu\wp} \; \overset{\text{그}}{\tau\grave{o}}$$

$$\overset{\text{선한 일을}}{\acute{\alpha}\gamma\alpha\theta\acute{o}\nu,} \; \overset{\text{유대사람에게}}{\text{'}I\omicron\upsilon\delta\alpha\acute{\iota}\wp} \; \overset{\text{또한}}{\tau\epsilon} \; \overset{\text{첫째는}}{\pi\rho\hat{\omega}\tau\omicron\nu} \; \overset{\text{그리고}}{\kappa\alpha\grave{\iota}} \; \overset{\text{헬라사람에게}}{\text{'}E\lambda\lambda\eta\nu\iota\cdot}$$

(직역)그런데 영광과 존귀가 평안이 그 선한 일을 실천하는 자들 모두에게(있다) 첫째는 또한 유대인에게 그리고 헬라인에게.

　본문은 앞 구절인 9절과 평행적 대조를 이룬다.

　①"압박과 좁은 공간"(들립시스 카이 스테노코리아)은 "영광과 존귀와 평강"(독사 카이 티메 카이 에이레네)과 평행구조를 이루는데 이것은 교리주의 신앙을 가진 기독교인일지라도 하나님께 떠밀려 골방으로 들어가면 영광과 존귀와 평강을 누리는 크리스천이 될 수 있음을 보여준다.

　②"가치 없는 일(토 카콘)을 힘써 실천하는 사람들의 모든 혼"과 "선한 일(토 아가돈)을 실천하는 그 모두"가 평행구조를

이룬다. **아가돈**(기본형**아가도스**)은 남을 이롭게 하는 것을 말하는데 이것은 하나님만이 하실 수 있는 일이다. 바울이 **토 카콘**과 **토 아가돈**을 비교하는 것은 교리주의 신앙은 가치가 없는 일이지만 성령을 따르는 복음적 신앙은 죄에 빠진 사람들을 구원하는 그들을 이롭게 하는 일임을 나타내기 위함이다.

9절과 달리 여기서는 유대인과 헬라인을 언급할 때 소유격 대신 여격을 사용한 것은 선을 행하는 사람에게 영광과 존귀와 평강이 있는 것이 로마에 있는 헬라인 크리스천과 유대인 크리스천 모두에게 해당되기 때문이다.

바울은 로마교회가 유대파와 헬라파로 당을 지어 교리적 다툼을 하지 말고 **휘포모네**를 통해 하나님의 의를 나타내는 삶을 살라는 당부를 하고 있는 것이다. 교리적 다툼은 혼적인 기독교인들이 하는 일이지만 **휘포모네**를 통해 하나님이 보좌 앞에 나아가는 것은 생명의 근원되시는 그리스도 안에 거하는 참된 그리스도인들만이 하는 일임을 강조하고 있다.

(2:11) 하나님과 동행하는 신앙

(개역)이는 하나님께서 외모로 사람을 취하지 아니하심이라

οὐ γάρ ἐστιν προσωπολημψία παρὰ τῷ θεῷ.
안 왜냐하면 존재한다   정면에서 바라봄이   옆에서는 그   하나님
(직역)왜냐하면 하나님 옆에서는 하나님을 정면으로 바라봄이 있으면 안 된다.

본문의 한글개역은 하나님께서는 사람을 외모로 취하지 아니하신다는 평범한 진리를 말하고 있다. 하지만 원어직역은 의미가 완전히 달라진다. 한글개역은 **토 데오**를 주어로 보아 "하나님께서"로 번역했지만 원어직역은 **프로소폴렘프시아**(정면에서 바라봄)이 주어이며 "하나님 옆에서는 정면으로 바라봄이 있어서는 안 된다"이다.

프로소폴렘프시아는 **프로소폰**(정면에서 바라봄)+**람바노**(받아들이다)의 합성어이다. 하나님과 동행하려면 하나님을 정면에서 바라보지 말고 옆에서 바라보아야 한다는 것이다. 하나님과 동행하는 사람의 자세를 말한다. TV에서 염소를 키우는 사람이 이런 말을 하는 것을 보았다.

"염소들은 풀을 먹을 때나 앉아서 쉴 때나 함께 있는 다른 염소를 절대로 정면으로 바라보지 않습니다. 정면으로 바라보는 것은 싸우자는 표시거든요."

집에서 키우는 개들도 주인의 눈을 정면으로 바라보지 않는다. 충성스런 개들은 항상 주인을 옆에서 바라본다.

요한복음 1장은 말씀(**호 로고스**)이신 그리스도가 어떻게 성부 하나님과 함께 존재하는가를 말한다. 한글개역은 "말씀이 하나님과 함께 계셨다"로 번역했는데 원어직역은 "하나님을 향해"(**프로스 호 로고스**)이다. 말씀이신 그리스도가 성부 하나님을 향해 (바라보고) 계신다는 것이다. 이것은 그리스도가 성부 하나님의 우편 보좌에 앉아계시면서 그 시선을 하나님을 향해 두고 있음을 보여준다. 요한복음 1장1절 말씀대로라면 하나님의 독생자이신 예수 그리스도는 하나님의 보좌 우편에서 하나님을 바라보고 계신다. 하나님을 정면으로 바라보는 게 아니라 옆에서 바라보신다. 하나님과 동행한다는 것은 하나님과 함께 걸으면서 옆에서 하나님을 바라보는 것을 뜻한다.

하나님에 대한 공부를 신학이라고 한다. 성경을 통해 하나님이 누구신지 그리고 예수 그리스도가 누구신지를 분석하여 연구하여 찾아내겠다는 것이다. 하지만 2000년 기독교 역사 동안 신학이 이루어낸 성과가 무엇인가?

하나님의 의를 이루는 삶은 신학에서 나오는 것이 아니라 하나님과 동행하는 삶을 통해서 나온다. 성경은 하나님의 진노의 심판에서 노아가 세상을 구원하는 사람이 된 이유를 이렇게 말한다.

"노아는 의인이요 당대에 완전한 자라 그는 하나님과 동행하였으며"(창6:9).

우리가 예수를 오랫동안 믿으면서도 하나님의 의를 행하는 삶을 살지 못하는 이유는 신학을 모르기 때문도 아니고 율법이나 교리를 지키지 못하기 때문도 아니다. 하나님과 동행하면서 하나님 옆에서 하나님만을 바라보는 것이 안 되기 때문이다. 그러므로 그리스도인의 삶에서 중요한 것은 **휘포모**

네를 통해 하나님의 보좌 앞에 나아가는 훈련을 하는 것이다. 이러한 하나님과 함께 하는 훈련을 통해 하나님과 친밀함이 생기고 하나님의 말씀을 따라 선을 행하는 의로운 사람이 될 수 있다.

Ch.3
율법은 복음이 아니다

2:12-16

율법과 복음의 상관성

(2:12)모세의 율법과 세상 법

(개역)무릇 율법 없이 범죄한 자는 또한 율법 없이 망하고 무릇 율법이 있고 범죄한 자는 율법으로 말미암아 심판을 받으리라.

ὅσοι γὰρ ἀνόμως ἥμαρτον, ἀνόμως καὶ ἀπολοῦνται·
누구든지 왜냐하면 율법 없이 죄를 지으면 율법 없이 그리고 망할 것이다

καὶ ὅσοι ἐν νόμῳ ἥμαρτον, διὰ νόμου κριθήσονται·
그리고 누구든지 안에서 율법 죄를 지으면 통해서 율법을 심판을 받을 것이다

(직역)왜냐하면 누구든지 율법 없이 죄를 지으면, 또한 율법없이 망할 것이다; 그리고 누구든지 율법 안에서 죄를 지으면, 율법을 통해서 심판을 받을 것이다.

"무릇 율법 없이 범죄한 자는 율법 없이 망하고"

본문의 율법(**노모스**)이라는 단어에는 정관사가 없다. 신약성경에서 정관사가 있는 **노모스**는 모세의 율법(토라)을 말하고, 정관사가 없는 **노모스**는 일반법을 말한다. 관사가 없는 율법을 사용한 것은 모세의 율법을 포함한 세상에 존재하는 모든 법에 대한 언급이다. 세상은 법이 없어도 망하고, 법이 있어도 망한다는 것이다.

바울이 로마서에서 이런 말을 하는 이유는 로마교회 교인들이 율법 문제로 인해 헬라인 신자들과 유대인 신자들 사이에 다툼이 생겼기 때문이다. 유대교 출신 기독교인들은 구원

을 받으려면 예수를 믿더라도 모세의 율법을 지켜야 한다고 주장했으며, 이에 반해 헬라인 기독교인들은 구원을 얻는 데에는 예수를 믿기만 하면 되고 율법을 지킬 필요가 없다고 하며 서로 논쟁을 하였다. 이에 대한 바울의 답은 누구든지(**호소이**) 율법 없이(**아노모스**) 죄를 지으면(**헤마르톤**) 율법 없이(**아노모스**) 망할 것이며(**아폴룬타이**), 누구든지 율법 안에서(**엔 노모**) 죄를 지으면(**헤마르톤**) 율법을 통하여(**디아 노무**) 심판을 받게 될 것이라(**크리데손타이**)는 것이다.

만일 예수 믿는 사람들이 지옥에 간다면 율법을 받아들였느냐 아니냐의 문제가 아니라 죄를 지었느냐 짓지 않았느냐의 문제 때문이다.

본문에서 2회 사용된 동사 **헤마르톤**을 한글개역은 "범죄한"으로 번역하였다. 범죄라는 말은 법을 어긴 것을 말하는데 기본형인 **하마르타노**(죄짓다)는 "표적을 못 맞추다"라는 의미로서 실수로 인한 잘못을 말한다. 기독교 신앙에서 죄(**하마르티아**)는 인간의 연약성으로 인해 어쩔 수 없이 하나님의 뜻에서 벗어난 삶을 사는 것을 의미한다. 본문에서 **헤마르톤**이 아오리스트시제로 쓰인 것은 순간적으로 생각지 않게 죄를 짓기 때문이다.

바울이 무릇 율법 없이 범죄한 자는 또한 율법 없이 망한다고 한 것은 로마교회 내의 헬라파 크리스천들에게 한 말이고, 무릇 율법이 있고 범죄한 자는 율법을 통하여 심판을 받으리라고 한 것은 유대파 크리스천들에게 한 말이다.

한글개역에서 "망할 것이다"로 번역된 **아폴룬타이**는 **아**(강조 접두어)+**올레드로스**(파멸시키다)의 합성어로 "완전히 파멸시킨다"라는 의미이다. 미래시제, 중간태인 것은 미래에 스스로를 완전히 파멸시키는 일이 있을 것을 예측한 것이다.

로마교회의 헬라파 크리스천들은 율법이 없이도 하나님의 뜻대로 살 수 있다고 생각하지만 이로 인해 스스로를 완전히 파멸시켜서 지옥에 떨어질 것이며, 반면에 로마교회의 율법주의 유대파 크리스천들은 마지막 심판 때에 자신들이 그토록 애지중지하던 율법을 통해서 심판을 받게 될 것인데 이유는 그들이 그 율법을 온전히 지키지 못했기 때문이다.

오늘날 교회에도 로마교회처럼 성경에 나오는 모든 율법을 반드시 지켜야 구원을 받는다는 '율법주의' 크리스천과 율법을 안 지켜도 믿음만으로 구원을 받을 수 있다는 '믿음 제일주의' 크리스천이 있다. 하지만 하나님은 백보좌의 심판 때에 우리가 율법주의로 살았느냐, 믿음 제일주의로 살았느냐가 아니라 하나님의 뜻대로 살았느냐를 보신다.

예수님의 말씀이 이 문제에 대한 분명한 답을 줄 것이다.

"나더러 주여, 주여 하는 자마다 천국에 다 들어갈 것이 아니요 다만 하늘에 계신 내 아버지의 뜻대로 행하는 자라야 들어가리라"(마7:21).

(2:13)누가 의인인가

(개역) 하나님 앞에서는 율법을 듣는 자가 의인이 아니요 오직 율법을 행하는 자라야 의롭다 하심을 얻으리니

οὐ γὰρ οἱ ἀκροαταὶ νόμου δίκαιοι παρὰ [τῷ] θεῷ, ἀλλ᾽ οἱ
아니다 왜냐하면 그   듣는 자들이   율법의   의로운 사람들(이다) 옆에서   그   하나님   그러나 그

ποιηταὶ νόμου δικαιωθήσονται.
행하는 자들은   율법의   의롭게 행하게 될 것이다

(직역) 왜냐하면 하나님 옆에서 율법의 듣는 자들이 의로운 사람들이 아니다 그러나 율법의 행하는 자들은 의롭게 행하게 될 것이다

한글개역은 **파라 (토) 데오**를 "하나님 앞에서는"으로 번역했지만 원어직역은 "하나님 옆에서"이다. 전치사 **파라**는 앞이 아니라 바로 옆에 있는 것을 나타내는 전치사이므로 "하나님 옆에서 율법을 듣는 자들이 의로운 자들이 아니요"가 올바른 번역이다.

또한 헬라어 원문의 **데오**(하나님) 앞에 있는 관사 **토**를 괄호 안에 둔 이유는 원어성경의 토대가 된 사본 중에 **토**가 있는 것과 없는 것이 있는데 어느 것이 옳다고 확정짓기가 애매하기 때문이다. 신약성경에서 관사가 있으면 성부 하나님을 가리키고 관사가 없으면 성자 하나님이신 예수 그리스도를 가리킨다.

문맥적으로 볼 때는 없는 것이 맞다. 왜냐하면 지금 바울은 모세의 율법을 따르는 유대인들에 대해 이야기하는 게 아니라 예수 그리스도의 복음을 받은 그리스도인들에 대해 이야기하고 있기 때문이다. 우리가 동행해야 할 분은 성부 하

나님이 아니라 성자 하나님이시다. 하나님이신 예수 그리스도와 동행하는 삶을 살아야 한다. 내 안에서 나와 함께 하는 말씀이신 그리스도의 명령을 듣고 그 명령에 순종함으로 행하는 것이 의인의 삶이다.

본문은 "율법을 듣는 자들"(**호이 아크로아타이 노무**)과 "율법을 행하는 자들"(**호이 포이에타이 노무**)을 서로 대조하는데 이는 예수 그리스도와 동행하는 자들은 "(말씀이신)하나님 옆에서"(**파라 데오**)서 율법을 듣는 것만으로 의롭다 함을 받지 못하고 율법을 행할 때에 의롭다 여김을 받는다는 것이다. 이것은 유대인들이 율법을 듣기만 할 뿐 율법대로 행하지는 못하는 삶을 염두에 두고 한 말이다.

본문 마지막에 나오는 동사 **디카이오데손타이**는 미래시제, 수동태이다. 기본형 **디카이오오**가 "의롭게 행하다"라는 뜻이므로 **디카이오데손타이**는 "의롭게 행해질 거다"가 된다. 이것은 그리스도 안에 들어가서 말씀이신 하나님과 동행할 때 하나님의 의가 행해질 수 있음을 보여준다. 수동태를 쓴 이유는 의를 행하는 주체가 그리스도인이 아니라 말씀이신 그리스도(하나님)이기 때문이다.

(2:14-15)인간의 양심으로 율법을 대신할 수 없다

[율법이 없는 이방인이 본성으로 율법의 일을 행할 때에는 이 사람은 율법이 없어도 자가가 자기에게 율법이 되나니 이런 이들은 그 양심이 증거가 되어 그 생각들이 서로 혹은 고발하며 혹은 변명하여 그 마음에 새긴 율법의 행위를 나타내느니라.]

한글개역성경을 보면 2장14~15절 전체가 괄호로 묶여있다. 이것은 발견된 원어성경 사본에 따라 이 부분이 있는 것과 없는 것이 있기 때문이다. 성경학자들이 볼 때 어느 것이 원본에 맞는지 분명치 않아 괄호로 묶어놓은 것이다. 나는 이 부분은 원본에 없는 것이 옳다고 본다.

본문의 내용은 모세의 율법이 없는 이방인이 본성으로 모세의 율법에 기록된 일을 할 때 하나님이 어떻게 심판하실까에 대한 답을 누군가 임의로 만든 것처럼 보인다. 유대인들이 모세의 율법을 지켜야 천국에 들어간다면 모세의 율법과 상관이 없는 사람들은 천국에 들어가는 법적 기준이 무엇인가 라는 질문을 하게 되었고, 이에 대한 답으로 유대인이 아닌 사람들에게는 하나님이 모세율법 대신 양심의 법에 따라 심판을 한다는 생각을 한 것이다.

하지만 하나님은 인간의 양심을 척도로 삼아 심판하는 분이 아니시다. 또한 문맥적으로 볼 때도 바울이 로마교회의 헬라인 크리스천과 이방인 크리스천에 의해 생겨난 문제에 대한 이야기를 하다가 갑자기 모세의 율법이 없는 이방인들에 대한 이야기를 하는 것도 격에 맞지 않다.

그래서 나는 이 부분을 원문에 없는 것으로 보고 원문 해석을 하지 않고 바로 2장16절로 넘어가려고 한다. 도리어 이렇게 하는 것이 문맥적으로 자연스럽다. 2장13절이 하나님의 법을 듣는 사람이 그 법대로 행하지 않으면 하나님께 의롭다 여김을 받지 못함에 대한 것이라면 2장16절부터는 이와 대조적으로 예수 그리스도의 복음으로 의롭다 여김을 받는 방법에 대해 이야기하고 있다.

하나님이 예수 그리스도를 복음으로 주신 것은 유대인들이 율법을 온전히 지키는 것이 안 되기 때문이다. 사실 유대인들이 지키지 못하는 율법을 이방인들이 지킨다는 것은 불가능하다. 그래서 예수님은 사람들의 구원을 위해 새로운 법을 주셨는데 그것이 바로 예수 그리스도 안에 있는 생명의 성령의 법이다.

(2:16) 그리스도인의 은밀한 것까지 판단하시는 하나님

(개역)곧 나의 복음에 이른 바와 같이 하나님이 예수 그리스도로 말미암아 사람들의 은밀한 것을 심판하시는 그 날이라.

ἐν ἡμέρα ὅτε κρίνει ὁ θεὸς τὰ κρυπτὰ τῶν ἀνθρώπων
안에서 날 (때에) 판단하시는 그 하나님이 그 은밀한 것들을 그 사람들의
κατὰ το εὐαγγέλιόν μου διὰ Χριστοῦ Ἰησοῦ.
따라 그 복음을 나의 통하여 그리스도 예수를

(직역)하나님이 그 사람들의 은밀한 것들을 판단하시는 날에, 나의 복음을 따라서, 그리스도 예수를 통하여

"하나님이 예수 그리스도로 말미암아 사람들의 은밀한 것을 심판하시는 그 날이라."

한글개역은 백보좌의 심판 때에 하나님이 예수 그리스도를 통해 사람들의 은밀한 것까지 심판하신다는 의미로 보인다. 하지만 원문의 의미는 조금 다르다.

헬라어 원문은 **엔 헤메라**(날에)로 시작한다. 이것은 하나님의 최후 심판의 날을 말하는 것이 아니다. 최후심판의 날은 특별한 날이므로 **헤메라** 앞에 정관사가 있어야 한다. 하지만 정관사가 없으므로 예수 믿는 그리스도인들이 언제든지 만날 수 있는 일반적인 날들 중에 한 날로 보아야 한다. 그렇다면 이 날은 어떤 날인가?

관계대명사 **호테**는 **헤메라**와 동사 **크리네이**를 연결하여 "판단하는 그 날에"가 된다. 한글개역에서 "심판하다"로 번역된 **크리네이**는 "판단하다"로 번역하는 것이 좋다. 앞에 강조접두사 **카타**가 있다면 심판하다로 볼 수 있지만 없기 때문이다. 그러므로 본문은 "하나님이 은밀한 것들을(**타 크립타**) 판단하시는 날에"로 번역되어야 한다.

한글개역에서 "은밀한 것들"로 번역된 **타 크립타**는 "숨겨진 것들"이라는 말이다. 그러므로 이 날은 하나님이 겉으로 드러나지 않고 숨겨진 것들을 판단하는 날이며 성령세례를 받은 날을 가리킨다. 세상 법은 사람들의 겉으로 드러난 죄를 판단하지만 성령을 받게 되면 그 때부터는 성령은 우리의 숨겨진 죄까지 판단한다.

"그 사람들의 은밀한 것들"(타 크뤞타 톤 안드로폰)에서 사람들을 의미하는 **안드로폰** 앞에 관사가 있는 것은 특별한 사람들 즉 성령으로 거듭난 그리스도인들을 가리킨다. 그 다음에 나오는 수식어 "나의 그 복음을 따라"(토 유앙겔리온 무)와 "예수 그리스도를 통하여"(디아 크리스투 예수)도 이것을 입증한다.

바울이 말하는 "나의 그 복음"이란 예수 그리스도를 통하여 하나님의 의를 나타내는 삶을 가리킨다. 바울이 전하는 복음의 핵심은 예수 그리스도이며, 또한 예수 그리스도를 통해 우리가 하나님께 나아가는 것이다. 예수를 믿고 성령을 받게 되면 우리는 말씀이신 그리스도 앞에 나아가게 되는데, 이 때 우리를 덮고 있는 모든 은밀한 것들이 벗겨지고 주님의 판단을 받게 된다. 이로 인해 우리 속에 숨겨져 있는 더러운 죄들이 드러나고 주님의 말씀과 성령으로 정결함을 받게 된다.

2:17-24

율법주의 신앙의 위험성

(2:17) 자기애에 빠진 율법주의 신앙인들

(개역) 유대인이라 불리는 네가 율법을 의지하며 하나님을 자랑하며

Εἰ δὲ σὺ Ἰουδαῖος ἐπονομάζῃ καὶ ἐπαναπαύῃ νόμῳ καὶ
만일 그런데 네가 유대 사람이라고   (스스로)부르면서   그리고   안식한다고 하면서   법으로   그리고

καυχᾶσαι ἐν θεῷ
자랑한다고 하면서   안에서   하나님

(직역) 그런데 만일 네가 스스로를 유대인이라 부르면서 그리고 법으로 안식한다고 하면서 그리고 하나님 안에서 자랑한다고 하면서

"만일(에이) 유대인이라 불리는 네가"

본문은 에이라는 조건절 구문으로 시작한다. 에이는 조건절 1등급으로 "(너희는 그렇다고 보는데) 만일 그렇다면"이라는 의미이다. "(만일) 유대인이라 불리는 네가"에서 유대인은 로마교회에 있는 유대인 크리스천들을 일컫는다. 한글개역에서 "불리는"으로 번역된 에포노마제는 "이름 부르다"라는 뜻이며 중간태로 쓰였다. 로마교회 유대인 크리스천들이 스스로를 유대인으로 칭하고 다녔음을 보여준다.

한글개역에서 "의지하며"로 번역된 에파나파우에는 강조접두사 에프+아나파우에(안식하다)의 합성어이다. 본문에서 중수디포태로 쓰였는데 이것은 로마교회 유대인 크리스천들이 율법으

로 자신들이 안식을 얻을 수 있다고 확신했음을 보여준다. **카우카사이**가 중간디포태로 쓰인 것은 자신들이 유대인임을 뽐내고 다녔음을 보여준다.

그런데 본문을 보면 율법을 의미하는 **노모**와 하나님을 의미하는 **데오** 앞에 정관사가 없다. 이것은 바울이 율법주의자들인 로마교회의 유대인 크리스천들을 조롱하고 있다는 것을 보여준다. 유대인 크리스천들은 유대인 행세를 하면서 율법 안에서 안식한다고 하지만 그것은 율법이 아니라 자기들이 만든 법이며, 하나님 안에서 자랑한다고 하지만 그것은 성부 하나님이 아니라 그들이 만든 신이라는 것이다.

바울이 **에이**라는 가정법을 사용한 것과 **아나파우에**(안식하다)와 **카우카사이**(뽐내다)를 중수디포태로 쓴 것도 마찬가지이다. 하나님이 주는 안식이 없고 하나님 안에서 자랑할 것이 없음에도 스스로 그러고 다닌다는 것이다. 로마교회의 유대인 크리스천들의 이런 행태는 오늘날 기독교 이단들의 행태와 비교하면 이해가 쉽다. 이단들은 잘못된 신앙을 갖고 있음에도 자기애에 빠져 자신들의 신앙에 대한 엄청난 자부심을 갖고 있다. 문제는 정통 교단에 속한 기독교인 중에도 자신이 속한 교회의 교리에 대한 이런 식의 자부심에 빠진 사람들이 꽤 많다는 것이다.

(2:18) 율법주의에 빠진 자들의 실체

(개역) 율법의 교훈을 받아 하나님의 뜻을 알고 지극히 선한 것을 분간하며

καὶ γινώσκεις τὸ θέλημα καὶ δοκιμάζεις τὰ διαφέροντα
그리고 너는 알고 있다 그 뜻을 그리고 너는(입증하려)애쓴다 그 통하여 나르는 것들을

κατηχούμενος ἐκ τοῦ νόμου,
시끄러운 소리로 된 부터(온) 그 법으로

(직역)그리고 나는 그 뜻을 알고 있다 그리고 율법으로부터 온 시끄러운 소리로 된 그 통하여 나르는 것들을 입증하려고 애쓴다

본문에서 2인칭 현재시제로 쓰인 **기노스케이스**(너는 알고 있다)의 기본형 **기노스코**는 머리로 아는 것이 아니라 관계 맺음을 통해서 아는 것을 말한다. 결혼한 부부간의 관계를 말하는 히브리어 **야다**와 같은 의미이다.

2인칭 단수인 '너는'은 율법주의에 빠진 로마교회의 유대인 크리스천을 가리킨다. 율법을 지식으로만 아는 것이 아니라 율법에 푹 빠져서 율법과 **기노스코(야다)**의 관계를 맺고 있다는 것이다. 세상 사람들은 법 안에 살지만 법에 푹 빠져 살지는 않는다. 하지만 유대인 율법주의자들은 예나 지금이나 율법에 푹 빠져 산다.

동사 **기노스케이스**의 목적어인 **토 델레마**(그 뜻)를 한글개역은 "하나님의 뜻"으로 번역했지만 문맥상으로는 볼 때 "율법의 뜻"으로 보는 게 맞다. 지금 바울은 율법주의에 사로잡힌 유대인 기독교인들의 잘못을 지적하고 있다. 율법주의자들은 하나님과의 인격적 관계를 맺지 못하기 때문에 하나님의 뜻

을 알 수 없다는 것이다. 그럼에도 율법주의자들은 율법의 '그 뜻'(**토 델레마**)을 알기 위해 애를 쓴다.

바울이 '알다'라는 동사를 깨달아 아는 것을 의미하는 **오아다**를 쓰지 않고 친밀한 관계를 통해 아는 **기노스코**를 사용한 것은 그들이 단순히 율법을 머리로만 아는 것이 아니라 그들의 삶의 전부가 되었음을 보여준다. 마치 현대인들이 스마트폰에 빠져 사는 것처럼 율법주의자들은 율법에 푹 빠져 산다.

한글개역에서 "분간하다"로 번역된 **도키마제이스**는 "시도하다"라는 의미이다. 또한 "지극히 선한 것"으로 번역된 **타 디아페론타**는 **디아**(통하여)+**페로**(나르다)의 합성어로 "통하여 나른다"는 의미이며 분사구문인 **카테쿠메노스 에크 투 노무**와 연결된다.

한글개역에서 "율법의 교훈을 받아"로 번역된 **카테쿠메노스 에크 투 노무**에서 현재분사, 수동태인 **카테쿠메노스**는 **카타**(강조접두사)+**에코스**(소리)의 합성어로 "시끄러운 소리로 되어진"이라는 의미이며 **에크 투 노무**는(율법으로부터)와 합하여 "율법으로부터 나온 시끄러운 소리로 되어진"이라는 의미가 된다.

바울이 강조하는 바는 율법주의자들이 율법에 빠져서 율법을 가지고 무언가를 해 보려고 애쓰지만 결국은 시끄러운 소음에 불과하지만 그럼에도 율법주의자들은 율법으로 하나님의 존재를 입증하려고 애쓴다는 것이다.

헬라어에서 "소리"로 번역되는 단어는 **포네**와 **에코스**가 있는

데 **포네**가 사람의 목소리라면 **에코스**는 사물의 소리이다. 성경에서 하나님의 음성을 말할 때는 **포네**를 사용한다. 본문에서 바울이 **포네**가 아니라 **에코스**의 강조형인 **카테쿠메노스**를 쓴 이유는 유대인들이 율법을 전하는 것이 하나님의 음성이 아니라 시끄러운 소리(소음)로 보았기 때문이다. 이것 역시 율법주의 유대인들을 향한 바울의 비아냥거리는 말투이다.

(2:19) 스스로를 의롭다고 확신함

(개역) 맹인의 길을 인도하는 자요 어둠에 있는 자의 빛이요

πέποιθας τε σεαυτὸν ὁδηγὸν εἶναι τυφλῶ, φῶς τῶν ἐν σκότει,
너는 확신해왔다 그런데 네 자신을 인도라고 있다고 맹인들의, 빛(이라고) 그(자들이) 안에(있는)어둠

(직역) 그런데 너는 확신해왔다 맹인들의 인도자요 어둠에 있는 자들의 빛이요

율법주의자들은 율법이 다른 사람들을 어둠에서 건져낼 수 있다고 본다. 그래서 스스로 맹인들의 인도자, 어둠 안에 있는 자들의 빛, 어리석은 자들의 교사, 유아들의 선생이라고 확신한다. 하지만 그들의 그런 확신은 자기 확신일 뿐이다.

본문에 첫 단어인 **페포이다스**(기본형 **페이도**)는 "확신하다"라는 의미로 이것은 자기 확신을 가리킨다. 기독교인 중에도 자기 확신을 믿음으로 착각하는 사람들이 있다.

헬라어 **피스튜오**(믿다)와 **페이도**(확신하다)는 비슷하면서 다르다. **피스튜오**가 "설득되어지는 것"이라면 **페이도**는 "설득하는 것"을 말한다. 성경에서 말하는 믿음(**피스티스**)은 **피스튜오**의 명사형

이다. 그러므로 **페이도**(확신하다)에서 나온 "구원의 확신"은 기독교의 올바른 믿음의 형태가 아니다. 성령을 받고나서 믿어지는 것이 올바른 믿음이다. 올바른 믿음은 내가 믿는 게(자신을 설득 하는 게) 아니라 믿어지는(하나님에 의해 설득 되어지는) 것이다.

잘못된 신앙을 가진 사람의 특징은 자기 확신이 강하다는 것이다. 그들은 율법이나 교리에 의해 세뇌된 것을 절대로 바꾸지 않는다. 반면에 믿음의 사람들은 자기 확신이 강하지 않다. 왜냐하면 성령의 인도하심에 따라 언제든지 생각이 바뀔 수 있기 때문이다.

유대인 율법주의자들은 자신들이 맹인들의 인도자요 어둠에 있는 자의 빛이라고 확신하였다. 여기서 **페포이다스**(너는 확신해 왔다)가 과거완료로 쓰였다. 이것은 그들의 이런 확신이 오래 된 것임을 보여준다.

율법주의자들은 자신들의 율법적인 삶이 세상에 빛이 된다고 확신한다. 자신들은 죄에서 벗어난 삶을 산다고 확신하지만 사실은 그렇지 않다. 예수님은 바리새인들을 향해 "소경이 소경을 인도하는 자로다. 만일 소경이 소경을 인도하면 둘이 다 구덩이에 빠지리라."(마15:14)고 하였다.

또한 예수님은 제자들을 향해 "너희는 세상의 빛이다."라고 하였다. 이것은 예수 그리스도의 제자의 정체성을 말씀하신 것이다. 예수를 믿었다고 해서 모두가 빛이 된 것은 아니다. 그리스도 안에서 새로운 피조물이 되었을 때 그래서 이제는 내가 사는 것이 아니라 내 안에 계신 그리스도가 사는 삶이 될 때 세상의 빛이 된 것이다. 하지만 기독교인이라 할지라도 율법을 따르는 삶을 산다면 빛이 아니라 죄 가운데 머물러 있을 뿐이다. 내가 확신한다고 세상의 빛이 되는 게 아니라 세상의 빛이신 그리스도 안에 거할 때 가능하다.

(2:20)스스로를 선생으로 확신함

(개역) 율법에 있는 지식과 진리의 모본을 가진 자로서 어리석은 자의 교사요 어린 아이의 선생이라고 스스로 믿으니

παιδευτὴν ἀφρόνων, διδάσκαλον νηπίων, ἔχοντα τὴν μόρφωσιν
교사들   어리석은 자들의   선생   유아들의   가지고 있으면서 그   형상을
τῆς γνώσεως καὶ τῆς ἀληθείας ἐν τῷ νόμῳ·
그   지식   그리고 그   진리   안에서 그   법

(직역) 율법에 있는 지식과 진리의 모본을 가진 자로서 어리석은 자의 교사요 어린 아이의 선생이라고 스스로 믿으니

유대교 율법은 특별한 지식(**테스 그노세오스**)과 특별한 진리(**테스 알레데이아스**)의 형상(**모르포신**)을 가지고 있다. **모르포신**의 기본형은 **모르포시스**인데 한글개역은 모본으로 번역했지만 흠정역(KJV)은 form(형태)로 번역했다. 한글개역보다는 흠정역의 번역이 원문에 더 가깝다. 모본이란 "근본이 되는 틀"을 의미하며, form(형태)은 "어떤 사람이나 사물의 특징을 나타내는 모습"을 의미한다. 모본을 의미하는 헬라어는 **튀포스**이다.

형태(form)를 의미하는 헬라어는 **모르페**는 **모르포시스**와 어원은 같지만 다른 단어이다. **모르페**가 어떤 사람이나 물건을 나타내는 특징적인 형태를 말한다면 **모르포시스**는 어떤 사람이나 물건을 닮은 형태를 말한다. **모르페**가 본체의 모습을 말한다면 **모르포시스**는 본체와 닮은꼴로서 사람으로 치면 '도플갱어'이고 물건으로 치면 '짝퉁'이다.

창세기에 하나님이 인간을 하나님의 형상으로 지었다는 것은 하나님을 닮은 **모르포시스**로 만들었다는 것이다. 반면에 빌립보서 2:6절의 **엔 모르페 데우**(하나님의 본체 안에서)는 예수 그리스도가 하나님의 본체(**모르페**)라는 것이다. 이렇게 보면 아담이 타락한 것은 하나님의 본체(**모르페**)가 아니라 닮은꼴(**모르포시스**)이기 때문이며, 예수 그리스도가 세상의 구원자가 되신 것은 하나님의 본체(**모르페**)이기 때문이다.

그리스도인들 중에는 타락 이전의 하나님이 아담에게 주셨던 하나님의 형상(**모르포시스**)을 회복하는 것을 구원으로 보는 사람들이 있는데 그렇지 않다. 우리가 아담이 타락하기 이전의 하나님의 형상(**모르포시스**)으로 돌아갈 수도 없지만 설상 돌아간다고 해도 또 다시 타락할 것이다.

복음은 타락 이전의 하나님의 형상(**모르포시스**)을 회복하는 것이 아니라 하나님의 본체(**모르페**)이신 예수 그리스도 안에 들어가서 그분으로 살아가는 것이다. 바울이 갈2:20절에서

"이제는 내가 사는 것이 아니요 오직 내 안에 그리스도께서 사시는 것이다"고 한 것은 이 때문이다.

오늘날 교회에도 율법주의자들이 많이 있다. 안식교나 여호와의 증인들이 이단인 것은 그들이 철저한 율법주의자이기 때문이다. 그러나 교회 안에도 복음주의를 위장해 숨어있는 율법주의자들이 많이 있다. 그들은 예수님이 율법을 폐하러 오신 것이 아니라 완성하러 왔다는 성경말씀으로 율법주의를 합리화시킨다. 심지어 유대교 율법주의로 돌아가야 한다는 시오니즘 운동이 기독교 안에서 고개를 들고 있다. 인터넷을 보면 다윗을 별이나 구약의 촛대를 심벌로 삼고 기독교의 유대교화를 꿈꾸는 불량하고 위험한 집단들이 있다.

율법은 지식(그노시스)과 진리(알레데이아)의 진품(모르페)이 아니라 짝퉁(모르포시스)이다. 율법으로는 하나님과의 관계적인 앎이나 하나님의 진리를 알 수 없다. 예수님이 율법을 폐하러 오지 않고 완성시키러 오셨다는 것은 율법의 복원을 의미하는 것이 아니라 율법이 이루지 못한 것을 복음으로 완성시킨다는 것을 말한다.

(2:21)이방인을 가르치면서 그들과 다름없는 삶을 살아감

(개역) 그러면 다른 사람을 가르치는 네가 네 자신은 가르치지 아니하느냐 도둑질하지 말라 선포하는 네가 도둑질하느냐?

ὁ οὖν διδάσκων ἕτερον σεαυτὸν οὐ διδάσκεις;
네가 그러면 가르치는   다른(사람을) 네 자신을 안   가르치느냐

ὁ κηρύσσων μὴ κλέπτειν κλέπτεις;
네가   전파하는   말라고 도적하는 것을 네가 도적질하느냐

(직역) 그러면 다른 사람을 가르치는 네가 네 자신은 가르치지 아니하느냐 도둑질하지 말라 전파하는
네가 도둑질하느냐?

"그러면 다른 사람을 가르치는 네가..."

한글개역에서 "다른 사람"으로 번역된 **헤테론**은 질적으로 완전히 다르다는 뜻으로 이방인들을 의미한다. 예수를 믿은 후에도 유대인들은 헬라인들을 완전히 다른 사람 취급을 했다. 유대 율법주의자들은 선민의식에서 나온 우월성을 가지고 있다. 자신들은 율법을 철저히 지키기 때문에 이방인들에 비해 도덕적으로 우월하다는 것이다. 그래서 로마교회 내에 있는 유대인 그리스도인들은 이방인 그리스도인들에게 율법을 가르치고 전파하려 했다.

한글개역에서 "선포하는"으로 번역된 **케뤼쏜**은 "선포해서 알린다."는 의미이며 신적 진리를 선포해서 알리는 것에 사용된다. 로마교회 내의 유대인 기독교인이 헬라인 기독교인의 선생 노릇을 하면서 율법(토라)을 가르치고 또한 십계명의 도둑질하지 말라는 계명을 진리의 말씀으로 선포했던 것이다. 하지만 바울이 지적하는 바는 그들은 정작 자신들은 율법의 말씀대로 살지 못하고, 도둑질하지 말라는 계명도 지키지 못한다는 것이다. 이런 일은 오늘날 율법주의 기독교인들에게서도 그대로 나타난다.

(2:22)성범죄와 하나님에 대한 죄를 지음

(개역) 간음하지 말라 말하는 네가 간음하느냐 우상을 가증히 여기는 네가 신전 물건을 도둑질하느냐?

ὁ   λέγων μὴ μοιχεύειν μοιχεύεις; ὁ βδελυσσόμενος τὰ
(그런데)네가 말하는   말라고 간음하지   (네가)간음하느냐 (그런데)네가 가증히 여기는   그

εἴδωλα ἱεροσυλεῖς;
(우상들을   (네가)성전물건을 도둑질하느냐

(개역) 그런데 간음하지 말라고 말하는 네가 간음하느냐? 우상들을 가증히 여기는 네가 성전물건을 도
둑질하느냐?

유대교에서 간음은 상당히 엄중한 죄이다. 그래서 돌로 쳐 죽임을 당해도 무방하다. **모이큐에인**과 **모이큐에스**의 기본형인 **모이 큐오**는 "간음을 범하다"는 뜻이다. 하지만 대부분의 가부장적 사회가 그렇듯이 유대인 사회에서도 간음죄는 여자들에게만 해당되고 남자들에게는 해당이 안 되었다. 요한복음 8장에 서기관들과 바리새인들이 현장에서 간음 중에 잡힌 여자를 예수님께 끌고 와서 어떻게 해야 할지를 묻는 장면이 나온 다. 이상한 점은 간음한 여인이 있다면 그 상대 남성도 있을 것인데 왜 여자만 끌고 왔느냐는 것이다. 이처럼 유대교 율 법주의자들은 남들에게 간음하지 말라고 하면서 자신들은 교 묘히 간음죄를 피해간 것이다

우상을 가증하게 여기는 것도 마찬가지이다.

브델뤼쏘메노스는 "혐오하다"라는 의미인데 여기서는 중수디포 태로 쓰였다. 율법주의 유대인들은 우상숭배에 대한 혐오감 을 보이면서 정작 자신들은 성전에 있는 것을 훔쳤다. 한글

개역에서 "신전 물건을 도둑질하느냐"로 번역된 **히엘로쉘레이스**는 "성전에서 약탈하다"라는 의미이다. 성전의 기물을 훔쳤다기보다는 성전에 드려진 헌금을 교묘히 가로챈 것으로 보인다. 바울은 유대인 지도자들이 성전에 드려진 헌금을 마음대로 유용하는 것을 우상숭배와 대조하여 말한 것이다. 골로새서에서 바울이 "탐심은 우상숭배니라"(골3:5)라고 한 것도 같은 맥락이다.

간음하지 말라고 설교하는 목회자가 신자들과 간음하고, 물질에 대한 욕심 때문에 교회 돈을 교묘히 가로채는 일은 오늘날 교회에서도 종종 일어난다. 종교화 된 율법주의 교회에서는 옛날이나 지금이나 이런 일들이 일어난다.

(2:23) 율법을 자랑하면서 율법을 범함

(개역) 율법을 자랑하는 네가 율법을 범함으로 하나님을 욕되게 하느냐

ὅς ἐν νόμῳ καυχᾶσαι, διὰ τῆς παραβάσεως τοῦ νόμου
(그런데)네가 안에서 율법 (자신을)자랑하는 통하여 그 위반을 그 율법의

τὸν θεὸν ἀτιμάζεις·
그 하나님을 (네가)욕되게 하느냐

(직역) 네가 율법 안에서 자랑하면서, 율법의 위반을 통하여 하나님을 욕되게 하느냐

한글개역은 "율법을 자랑하는 네가"이지만 원문직역은 "율법 안에서 자랑하는 네가"이다. 사실, 율법주의자들이 자랑하는 것은 율법 자체가 아니라 율법 안에서 자신들이 의를 행한다는 것이다. **카우카다이**(자랑하다)가 중수디포태로 쓰였다.

율법 안에서 의를 행하는 것이 없음에도 의를 행하는 것처럼 자랑한다. 이러한 자랑은 결국 율법을 범함으로 하나님을 욕되게 하는 결과를 가져온다.

한글개역에서 "범함"으로 번역된 **파라바세오스**는 **파라**(옆에)+**바시스**(걸음)의 합성어로 "잘못된 길로 발걸음을 놓은 것"을 의미한다. 율법 안에서 하나님의 의로운 길이 아닌 다른 길로 발걸음을 놓았다는 것이다.

로마서1장17절에서 "복음 안에서 하나님의 의가 나타난다"고 한 것은 율법 안에서는 하나님의 의가 나타날 수 없기 때문이다. 율법 안에서 하나님의 의를 행하려는 것은 헛발질을 하는 것이며 그 결과는 하나님을 욕되게 하는 것이다.

한글개역에서 "욕되게 하다"로 번역된 **아티마제이스**는 **아**(부정접두사)+**티메**(명예)의 합성어로 "명예를 떨어뜨리는 것"을 의미한다. 이로 인해 하나님의 명예가 떨어진다. 이렇게 보면 하나님의 이름을 욕되게 하는 자들은 율법을 자랑하면서 율법을 범하는 율법주의 신자들이다.

(2:24) 누구로 인해 하나님의 이름이 모독을 받는가

(개역) 기록된 바와 같이 하나님의 이름이 너희 때문에 야방인 중에서 모독을 받는도다.

τὸ γὰρ ὄνομα τοῦ θεοῦ δι᾽ ὑμᾶς βλασφημεῖται ἐν τοῖς
그 왜냐하면 이름이 그 하나님의 안하여 너희로 모독을 받는다 안에서 그

ἔθνεσιν, καθὼς γέγραπται.
야방인들 같이 (그것이)기록되었던 것

(작역) 기록된 바와 같이 하나님의 이름이 너희 때문에 야방인 중에서 모독을 받는도다.

디 휘마스(너희로 인하여)에서 전치사 디(기본형다아)는 뒤에 소유격명사가 오면 "~을 통하여"가 되고, 목적격명사가 오면 원인을 나타내는 "~을 인하여"가 된다. 여기서는 목적격대명사 휘마스(너희)가 오므로 "너희로 인하여"가 된다. 율법주의 유대인들이 하나님의 이름을 욕되게 하는 원인이다.

한글개역에서 "모독을 받는다"로 번역된 블라스페메이타이는 신성모독을 하는 것을 말한다. 영어의 blasphemy(모독하다)가 여기에서 나왔다. 유대교 율법주의자들이 율법대로 산다고 하면서 하나님의 의를 나타내지 않음으로 인해 이방인들이 사이에서 하나님의 이름이 모독을 받는 일이 벌어진 것이다.

예수님은 주기도문에서 "아버지의 이름이 거룩히 여김을 받으시옵소서."라고 기도하였다. 그리스도인들이 의로운 삶을 통해 불신자들이 하나님의 이름을 거룩히 여기는 일이 있기를 기도한 것이다. 이것은 결국 하나님의 이름이 세상 사람들에게서 거룩히 여김을 받느냐, 모독을 당하느냐 하는 것은 예수를 믿는 그리스도인들에게 달렸다는 것을 보여준다.

2:25-29
복음과 마음의 할례

(2:25)법은 지키라고 있는 것이다

(개역)네가 율법을 행하면 할례가 유익하나 만일 율법을 범하면 네 할례는 무할례가 되느니라.

περιτομὴ μὲν γὰρ ὠφελεῖ ἐὰν νόμον πράσσῃς· ἐὰν δὲ
할례는   참으로 왜냐하면 유익하다 만일 법을   (네가)실행한다면 만일 그런데

παραβάτης νόμου ᾖς, ἡ περιτομή σου ἀκρβυστία γέγονεν.
위반자로   법이 존재한다면 그   할례는   너의   무할례가   되었다

(직역)왜냐하면 참으로 할례는 유익하다 만일 법을 네가 실행한다면, 그런데 만일 법의 위반자로 있다면
그 할례는 무할례가 되었다.

　"만일 네가 율법을 실행하면(에안 노모 프라쎄스) 할례가 참으
로 유익하다"(페리토멘 멘 가르 오펠레이).

　2인칭 단수를 사용한 것은 로마교회 내에 있는 율법주의
유대인 기독교인들 각각을 가리킨다. 율법(노모) 앞에 관사를
사용하지 않은 것은 할례를 받은 유대인 기독교인이라면 모
세의 율법뿐 아니라 기독교인으로서 교회법이나 로마의 법까
지도 지켜야 한다고 보았기 때문이다.

　만일(에안)이라는 가정법은 불가능해 보이는 것을 할 때 사
용하는 가정법이다. 본문에서 법을 행하는 것과 법을 위반하
는 것 모두 가정법 접속사 에안을 사용한 것은 유대인에게 있
어서 율법을 지키는 것과 어기는 것 모두가 결코 쉬운 일이

아님을 보여준다. 그럼에도 율법을 어긴다면 할례 받지 않는 이방인들과 다를 것이 무엇이냐는 것이다.

유대인들에게 있어서 할례는 생명과 같은 것이다. 유대인들이 사내아이가 태어나면 8일 만에 할례를 주는 것은 아이가 평생을 율법을 지키는 사람으로 살도록 하겠다는 부모의 다짐이다. 하지만 유대인 중에서 모세의 율법을 제대로 지키는 유대인이 과연 얼마나 되겠는가?

"네가 율법을 행하면 할례가 유익하나 만일 율법을 범하면 네 할례는 무익하다"는 로마교회의 유대인 크리스천들을 향한 바울의 말 속에는 "너희가 정말로 모세의 율법을 지킨다면 말로만 아니라 제대로 지켜보라"는 의미가 담겨있다.

(2:26)만일 무할례자가 율법의 의를 지키면

(개역) 그런즉 무할례자가 율법의 규례를 지키면 그 무할례를 할례와 같이 여길 것이 아니냐

ἐὰν οὖν ἡ ἀκροβυστία τὰ δικαιώματα τοῦ νόμου φυλάσσῃ,
만일 그러므로 그 무할례자가 그 의로운 행위들을 그 율법의 지키면

οὐχ ἡ ἀκροβυστία αὐτου εἰς περιτομὴν λογισθήσεται;
아니냐 그 무할례가 그의 속으로 할례 여겨질 것이

(직역) 그러므로 만일 그 무할례자가 그 율법의 의로운 행위들을 지키면 그 무할례가 할례 속으로(들어가는 것으로) 여겨질 것이 아니냐?

"율법의 규례들"(**타 디카이오마타 투 노무**)의 원어직역은 "율법의 공의로운 행위들"이다. 이방인들이 모세의 율법에 속해있지 않더라도 모세의 율법이 정한 공의로운 행동을 한다면 그

들의 무할례를 할례처럼 여겨야 한다는 것이다. 할례를 목숨처럼 소중히 여기는 유대인 율법주의자들이 듣기에는 너무 심한 말이다.

바울이 이런 과격한 말을 한 것은 유대 율법주의자들을 모독하기 위함이 아니다. 유대인이 못 지킨 율법을 이방인일지라도 예수 그리스도를 믿음으로 지킬 수 있다고 보았기 때문이다. 그렇다면 할례자가 무할례자가 되고, 무할례자가 할례자가 될 수 있는 것이다. 가정법 접속사 **에안**을 사용한 것은 이방인들이 모세의 율법이 정한 공의로운 행동을 하는 것이 쉬운 일은 아니지만 예수 그리스도를 믿으면 충분히 가능한 일임을 보여준다.

바울의 논리는 명쾌하다. 유대인들이 할례를 받는 목적은 모세의 율법에 정한 의로운 일을 하기 위함이다. 그렇다면 유대인이 아니어서 할례를 받지 않은 이방인들이라고 할지라도 율법이 정한 공의로운 일을 한다면 그들을 할례 받은 것과 동일하게 여겨야 하지 않느냐는 것이다.

바리새인이었던 바울이 율법주의에 빠진 로마교회의 유대인 크리스천들이 자신의 말을 받아들이는 것이 쉬운 일이 아니라는 것을 모를 리가 없다. 그럼에도 이런 과격한 발언을 하는 것은 율법을 지킨다고 하면서 정작 하나님의 공의를 행하지 않고 불의를 행하는 율법주의 기독교인들의 잘못을 지적하기 위함이다. 그들이 자신들의 문제가 무엇인지를 깨달아야 제대로 된 예수 그리스도의 복음을 받아들일 수 있기 때문이다.

(2:27)믿지 않는 자들이 믿는 자들을 정죄함

(개역)또한 본래 무할례자가 율법을 온전히 지키면 율법 조문과 할례를 가지고 율법을 범하는 너를 정죄하지 아니하겠느냐

καὶ κρινεῖ ἡ ἐκ φύσεως ἀκροβυστία τὸν νόμον τελοῦσα
그리고 (그가)판단할거다   그 부터 본성으로   무할례자가   그   율법을   완수하면서

σὲ τὸν διὰ γράμματος καὶ περιτομῆς παραβάτην νόμου.
너를 그   통하여 법조문을   그리고 할례를   위반자인   율법

(작역)또한 본래 무할례자가 율법을 온전히 지키면 율법 조문과 할례를 가지고 율법을 범하는 너를 정죄하지 아니하겠느냐

바울은 한 발 더 나아가 할례자들이 지키지 못하는 율법을 무할례자들이 온전히 지킬 때 어떤 일이 벌어지겠느냐고 말한다. 무할례자들이 할례자들을 심판하는 일이 벌어지지 않겠느냐는 것이다. 한글개역에 "본래"로 번역된 **에크 퓌세오스**는 "근본(origin)으로부터"라는 의미로 율법 이전의 근본을 뜻한다. 무할례자인 이방인 크리스천들이 율법을 근본적으로 온전히 지키는 것에 대해 말하고 있는 것이다.

바울은 헬라인 크리스천들이 유대교 율법 조항들 하나하나를 지키는 것을 말한 게 아니라 모세율법의 근본이 되는 하나님을 마음을 다해 뜻을 다해 사랑하고, 내 이웃을 내 몸처럼 사랑하는 것을 헬라인 크리스천들이 지킬 수 있다는 것

을 염두에 두고 한 말이다.

한글개역에 "온전히 지키며"로 번역된 **텔루사**의 기본형인 **텔레오**는 "완수하다(성취하다)"로 율법을 온전히 지키는 일을 완수했다는 말이다. **텔레오**(완수하다)라는 단어를 사용한 것은 율법주의자들이 이루지 못했던 율법을 온전히 지키는 일이 예수 그리스도의 복음으로 가능함을 말하기 위함이다. 유대교 신앙에서는 불가능했던 율법의 온전한 준수가 기독교 신앙에서 가능해진 것이다.

바울이 **텔레오**(온전히 이루다)라는 말을 사용했을 때 아마도 유대인들은 기겁을 했을 것이다. 유대인들은 인간은 죄인이고 오직 하나님만이 의롭다고 생각하기 때문이다. 그래서 인간이 율법을 온전히 지키는 것은 불가능한 일이며 심지어는 자신들이 행하는 불의로 인해 하나님의 의가 드러난다는 생각을 하기도 했다.

"우리 불의가 하나님이 의를 드러나게 하면 무슨 말 하리요?"(롬3:5).

오늘날 기독교인 중에도 이런 사고를 가진 사람들이 있다. 인간의 죄성을 강조해야 상대적으로 하나님의 의가 드러난다는 것이다. 그래서 아무리 예수를 잘 믿더라도 절대로 죄에서 벗어날 수 없다고 주장한다. 죄에서 벗어난 온전한 삶은 죽은 뒤 천국에 가서나 가능하다는 것이다. 하지만 이런 생각들은 모두 비성경적인 것이다. 성경은 우리가 온전해질 수 있다고 말한다.

"인내를 온전히 이루라. 이는 너희로 온전하고 구비하여 조금도 부족함이 없게 하려 함이라."(약1:4)

모세율법의 근본인 하나님 사랑과 이웃사랑을 지키면 온전해진 것이다. 이것은 육신의 할례가 아니라 마음의 할례로 가능하며 마음의 할례는 성령세례로 주어진다. 주님이 믿는 자들에게 성령세례를 주시는 이유는 이 때문이다.

(2:28) 보이는 것이 중요한 게 아니다

(개역) 무릇 표면적 유대인이 유대인이 아니요 표면적 육신의 할례가 할례가 아니니라

οὐ γὰρ ὁ ἐν τῷ θανερῷ Ἰοδαῖος ἐστιν οὐδὲ ἡ ἐν τῷ φαγερῷ
안 왜냐하면 그 안에 그 보이는 것 유대사람이 존재한다 도 아니고 그 안에 그 보이는 것
ἐν σαρκὶ περιτομή,
안에 육신 할례가

(직역) 왜냐하면 그 보이는 것 안에 유대인이 존재하는 것이 아니요 그 보이는 것 안에, 육신 안에 할례가 존재하는 것도 아니다.

한글개역에서 "표면적"으로 번역된 **파네로**는 "나타나 눈에 보이는 것"을 뜻한다. 할례를 받고 유대인이 되었다고 하나님의 사람이 된 것은 아니다. 눈에만 그렇게 보일 뿐이다. 사실 기독교인들 중에도 자신이 어느 교파에 속해있거나 세례를 받았다는 이유만으로 또는 직분을 받았다는 이유만으로 하나님의 사람이 된 것으로 착각하는 사람들이 있다.

한글개역이 "육신의 할례"로 번역한 **엔 사르키 페리토메**는 "육

신 안에(있는) 할례"이다. 할례는 육신(사룩스) 안에 속한 것이다. 육신(사룩스)은 피조물 중에서 사람에게만 주어진 하나님과 관계를 맺는 속성이다. 하지만 아담이 선악과를 먹고 에덴동산에서 쫓겨난 후 인간의 육신은 연약해졌다. 육신이 연약해짐으로 인해 하나님께 나아가는 것이 어려워진 것이다.

바울이 **엔 사르키 페리토메**(육신 안에 할례)라는 표현을 쓴 것은 유대인들이 그토록 소중히 여기는 할례가 연약해진 육신에 속한 것이기에 하나님께 나아가는 것이 어렵다는 것을 보여준다. 그래서 육신의 할례가 아니라 성령의 할례가 필요한 것이다.

(2:29a) 성령의 할례를 받아야 참 유대인이다

(개역)오직 이면적 유대인이 유대인이며 할례는 마음에 할지니 영에 있고 율법 조문에 있지 아니한 것이라

ἀλλ' ὁ ἐν τῷ κρυπτῷ Ἰουδαῖος, καὶ περιτομὴ καρδίας
그러나   그 안에 그   숨겨진 것   유대사람이   그리고   할례가   마음의

ἐν πνεύματι οὐ γράμματι,
안에 성령   아니라   법조문이

(직역)그러나 그 숨겨진 것 안에 그 유대사람이(있고) 그리고 법조문이 아니라 성령 안에 마음의 할례가 (있다).

육신의 할례는 눈에 보이는 것이고 성령의 할례는 눈에 보이지 않는 것이다. 바울은 육신의 할례를 받은 유대인이 참된 유대인이 아니라 성령의 할례를 받은 유대인이 참된 유대인이라고 말한다. 중요한 것은 **엔 사르키 페리토메**(육신 안에서 할례)가 아니라 **페리토메 카르디아스 엔 프뉴마티**(성령 안에서

마음의 할례)이다.

바울은 28절의 "육신 안에서"(엔 사르키)와 29절의 "성령 안에서"(엔 프뉴마티)를 대조시킨다. 육신 안에서 행해진 할례로는 율법을 온전히 지키지 못하지만, 성령 안에서 행해진 마음의 할례로는 율법을 온전히 지키는 게 가능하다는 것이다.

바울의 이런 발언은 유대교의 할례를 폄하한다는 오해를 받을 수 있다. 하지만 바리새인 중의 바리새인이었던 바울이 할례의 중요성을 모를 리 없다. 유대교의 할례는 단순한 종교의식이 아니라 자기 아들을 율법을 잘 지키는 사람으로 키우려는 유대인 부모의 다짐이다. 바울이 말하려는 바는 유대인들이 할례를 그렇게 중시해도 육신 안에 있는 할례의 속성상 율법을 온전히 지킬 수 없지만 성령 안에서 받은 마음의 할례로는 그것이 가능하다는 것이다. 여기서 우리는 기독교 세례의 의미를 생각해 보아야 한다.

기독교 신앙에서 세례는 기독교인이 되는 가장 중요한 의식이다. 그런데 교단에 따라 세례를 주는 방식이 다르다. 물을 뿌리는 세례와 물 안에 담그는 침례를 가지고 논쟁을 벌인다. 심지어 물로 뿌린 세례를 받은 사람이 오면 물에 담그는 침례로 다시 주기도 있다. 그리고 군대에서는 수천 명의 병사들을 하루에 세례를 주는 진중 세례식을 거행하기도 한다. 교회가 이토록 물세례를 중시하는 이유는 물세례로 구원

받은 그리스도인을 만들 수 있다고 보기 때문이다.

하지만 물세례를 강조하는 교회들이 정작 성령세례는 강조하지 않는다. 기독교의 구원이 물세례가 아니라 성령세례로 된다는 기독교 신앙의 진리를 간과한다. 세례요한이 "나는 물로 세례를 주지만 내 뒤에 오시는 분은 성령으로 세례를 주실 것이다"라고 한 것과 부활하신 예수님이 승천하시기 전에 제자들에게 "예루살렘을 떠나지 말고 내게서 들은바 아버지가 약속하신 성령을 기다리라"(행1:4)고 하신 말씀에는 관심이 없다.

왜 성경은 물세례 보다 성령세례가 중요하다고 말하는가? 그것은 물세례를 받아도 율법을 온전히 지킬 수 없지만 성령세례를 받으면 율법을 온전히 지킬 수 있기 때문이다. 성경이 말하는 "내 이웃을 내 몸처럼 사랑하라"는 최고의 법 역시 성령세례를 받으면 지킬 수 있다. 바울의 말처럼 그리스도 안에 있는 생명의 성령의 법으로 죄와 사망의 법에서 해방될 수 있다.

(2:29b)사람의 칭찬 보다 하나님의 칭찬이 중요하다

(개역) 그 칭찬이 사람에게서가 아니요 다만 하나님에게서니라

οὗ ὁ ἔπαινος οὐκ ἐξ ἀνθρώπων ἀλλ' ἐκ τοῦ θεοῦ.

(그런데 그의) 그 칭찬은   아니다 부터   사람으로   그러나 부터 그 하나님으로

(직역) 그 칭찬이 사람으로부터가 아니다 그러나 하나님에게서니라

사람들로부터 받는 칭찬보다 하나님으로부터 칭찬을 받아야 한다. 유대인에게 있어서 할례는 유대교인이 되기 위한 통과의례이다. 남자는 반드시 할례를 받아야 유대교인이 될 수 있다. 유대인에게 있어서 육신의 할례를 받는 것과 많은 사람들에게 할례를 주는 것은 자랑스러운 일이며 또한 칭찬받을 일이다. 그들은 할례를 통해 사람들들 뿐 아니라 하나님께도 칭찬을 받으리라 생각한다. 하지만 하나님은 그런 일로 하나님의 백성들을 칭찬하지 않으신다.

유대교만 아니라 기독교에서도 마찬가지이다. 진중세례식과 같은 행사를 통해 많은 사람들을 단번에 기독교인을 만들면 하나님이 칭찬할 것으로 생각한다. 물론 이런 일을 통해 높은 실적을 올리면 그 공동체에 속한 사람들로부터는 칭찬을 받을 수는 있을 것이다. 하지만 하나님은 이런 일로 칭찬하지 않는다.

중요한 것은 사람의 칭찬이 아니라 하나님의 칭찬이다. 예수 그리스도의 제자의 사명은 세례교인을 많이 배출하는 것이 아니라 사람들이 성령세례를 받도록 돕는 일이다. 하나님의 칭찬을 받으려면 마음의 할례인 성령세례를 받아야 하고 또한 사람들이 성령세례를 받을 수 있도록 도와주어야 한다.

3:1-4

유대인의 나음이 무엇이냐

(3:1-2) 선민의식

(개역)그런즉 유대인의 나음이 무엇이며 할례의 유익이 무엇이냐 범사에 많으니 우선은 그들이 하나님의 말씀을 맡았음이니라

Τί   οὖν   τὸ περισσὸν τοῦ Ἰουδαίου ἤ τίς ἡ ὠφέλεια
무엇이냐 그러므로 그 우월한 것이 그   유대사람의 또는 무엇이냐 그 유익이
τῆς περιτομῆς; πολὺ κατὰ πάντα τρόπον. πρώτων μὲν
그   할례의   많은 것이 따라 모든   방면을   첫째는   참으로
[γὰρ] ὅτι ἐπιστεύθησαν τὰ λόγια τοῦ θεοῦ.
왜냐하면 때문이다 (그들이)맡겨졌기   그 말씀들을 그 하나님의

(직역)그러므로 그 유대사람의 우월한 것이 무엇이냐 또는 그 할례의 유익이 무엇이냐? 모든 방면을 따라 많은 것이 있다. 첫째는 참으로 그들이 그 하나님의 그 말씀들을 맡았기 때문이다.

어느 유대인이 랍비에게 물었다. "하나님은 왜 구원받지도 못할 이방인들을 만들었을까요?" 랍비가 대답했다. "하나님은 이방인들을 지옥의 불쏘시개로 쓰시려고 만들었다네."

유대인의 선민의식을 풍자한 이야기이지만 유대인이 아닌 사람이 듣기엔 기분 나쁜 말이다. 물론 모든 유대인이 이런 편견을 가진 건 아니지만 선민의식이 강한 것은 사실이다.

하지만 유대인의 선민의식을 나쁘게만 볼 수는 없다. 하나님의 백성이 선민의식을 갖는 것은 당연한 일이다. 실제로 하나님은 선민인 유대인에게 다른 민족보다 나은 것을 많이 주셨다. 바울은 "유대인의 나음이 무엇이며 할례의 유익이

무엇이냐?"는 질문을 한 후 "범사에 많다"고 답변한다.

한글개역에 "나음"으로 번역한 **페리쏜**의 헬라어사전의 의미는 "탁월한 것"이다. 또한 "유익"으로 번역한 **오펠레이아**의 헬라어사전의 의미는 "유익하게 함"이다. 자신에게 유익한 것이 아니라 다른 사람에게 유익을 주는 것을 말한다. 올바른 선민의식은 다른 사람의 유익을 구한다. 그러나 잘못된 선민의식은 자기들의 유익을 구한다.

예화에 나온 랍비처럼 유대인만 구원을 받았고 이방인들은 지옥의 불쏘시개로 만들었다는 생각은 잘못된 선민의식에서 나온 것이다. 이런 생각이 하나님과의 관계 단절을 가져온다. 만일 유대인들이 올바른 선민의식을 가졌다면 하나님께로부터 떨어져나가는 일은 없었을 것이다.

유대인 중에는 잘못된 선민의식을 가진 사람들이 많이 있다. 세계 역사를 볼 때 유독 유대인들이 다른 나라에 미움을 많이 산 것은 어쩌면 이런 이유 때문일 수도 있다. 문제는 기독교인 중에도 잘못된 선민의식을 가진 사람들이 많이 있다는 것이다.

기독교인 중에는 죽은 후에 천당에 가는 것을 선민으로 알고 "예수천당 불신지옥"을 외치며 예수 믿지 않는 사람들을 지옥 자식이나 마귀 자식으로 여기는 사람들이 있다. 심지어 자신은 구원받기로 창세전부터 예정 된 선민이기에 죄를 지어도 천국에 갈 수 있다고 확신한다. 하지만 이런 잘못된 선민의식은 구원받은 기독교인의 모습이 아니다. 예수님은 구원받은 그리스도인의 정체성을 이렇게 말씀하신다.

"너희는 세상의 빛이다. 너희는 세상의 소금이다."

바울은 "유대인의 탁월함이 무엇이며, 할례가 다른 사람에게 이로움을 줄 수 있는 것이 무엇이냐?"는 질문에 "범사에 많다"라고 하면서 그 첫 번째는 "그들이 하나님의 말씀을 맡았음이라"고 말한다.

한글개역에는 단수인 "하나님의 말씀"으로 번역했지만 원문을 보면 복수로 "하나님의 말씀들"(타 로기아 투 데우)이다. 하나님의 입에서 나오는 말씀들을 맡음으로 인해 유대인들이 다른 민족들보다 탁월하며 또한 다른 사람들을 이롭게 할 수 있다는 것이다. 그렇다면 바울이 "하나님의 말씀들"이라고 복수를 쓴 이유는 무엇인가?

단수인 "하나님의 말씀"(호 로고스 투 데우)은 말씀이신 그리스도를 의미하며, 복수인 "하나님의 말씀들"(타 로기아 투 데우)은 하나님이 하시는 모든 말씀들을 의미한다. 구약시대에 하나님은 유대인들에게 말씀들(타 로기아)을 하셨지만, 신약시대에 하나님은 말씀(호 로고스)이신 그리스도를 통해 말씀하신다.

여기서 말씀들(타 로기아)과 말씀(호 로고스)은 성경말씀이 아니라 하나님의 입에서 나오는 말씀을 말한다. 신구약시대를 막론하고 하나님은 당신의 입에서 나오는 말씀으로 세상을 구원하신다.

(3:3) 하나님의 신실하심이 중요하다

(개역)어떤 자들이 믿지 아니하였으면 어찌하리요 그 믿지 아니함이 하나님의 미쁘심을 폐하겠느냐?

Τί γὰρ εἰ ἠπίστησάν τινες, μὴ ἡ ἀπιστία αὐτῶν τὴν
무엇이냐 왜냐하면 만일 (그들이)믿지 않았다면   어떤 사람들이 아니다 그 믿지 아니함이   그들의   그

πίστιν τοῦ θεοῦ καταργήσει;
신실하심   그   하나님의   폐지할 수 있느냐

(직역)왜냐하면 만일 어떤 사람들이 믿지 않았다면 무슨 일이 있겠느냐 그들의 그 믿지 아니함이 그 하나님의 신실하심을 폐지할 수 있느냐?

　본문에서 바울은 유대인이라면 할 수 있는 또 하나의 질문을 한다. **티 가르**(왜냐하면 무엇이냐?)로 시작하는 것은 이 질문의 중요성을 부각시키기 위함이다. 한글개역은 "어떤 자들이 믿지 아니하였으면 어찌하리요 그 믿지 아니함이 하나님의 미쁘심을 폐하겠느냐?"이지만 원어직역은 "하나님의 그 믿음을 쓸모없게 할 게 아니냐?"이다.

　원문의 **텐 피스틴 투 데우**(그 하나님의 그 믿음)라는 말을 한글개역은 "하나님의 미쁘심"으로 번역하였다. 국어사전을 보면 "미쁘다"라는 말은 "믿음직스럽다"라는 뜻으로 현대국어에서는 잘 쓰지 않는 말이다. 그렇다면 한글개역은 왜 이런 말을 사용한 것일까? "미쁘다"를 "믿음직스럽다"로 번역하면 그 이유를 알 수 있다.

"어떤 자들의 믿지 아니하였으면 어찌하리요 그 믿지 아니함이 하나님의 믿음직스러움을 폐하겠느냐?"

이렇게 번역하면 기독교인들은 신앙의 혼란이 일어날 것이다. 믿음직스럽다는 말을 어떻게 하나님께 쓸 수 있느냐는 것이다. 그래서 한글개역은 한국 교인들이 혼란에 빠뜨리지 않으려고 "하나님의 미쁘심"이라는 오늘날 사용하지 않는 애매모호한 말을 사용한 것이다.

나는 **텐 피스틴 투 데우**를 하나님의 미쁘심을 헬라어 직역대로 "하나님의 믿음"으로 번역하거나 아니면 "하나님의 신실하심"으로 번역하는 것이 좋다고 본다. 본문에서 바울은 인간의 믿음과 하나님의 믿음(신실하심)을 대조하고 있기 때문이다. 한국교회에서 "하나님의 믿음"이라는 말을 생소하게 들릴 수 있지만 "하나님의 신실하심"은 생소한 말이 아니다.

그렇다면 본문에서 "만일 어떤 사람들이 믿지 않는다면 그들의 믿지 아니함이 하나님의 그 믿음을 쓸모없게 하지 않겠느냐?"는 말의 의미는 무엇인가? 이것은 하나님의 그 믿음을 소유한 사람이 없다면 하나님의 신실하심이 세상에 나타날 수 없다는 것이다.

예를 들어, 하나님이 우리에게 말씀으로 산을 바다로 옮기는 일을 하라고 명하신다면 인간적으로 볼 때는 믿기 어려운 일이지만 하나님의 그 믿음(신실하심)을 받아들인다면 그 일은 가능한 일이 된다. 이것이 바로 하나님의 믿음(신실하심)이다. 여기서 중요한 것은 하나님은 그런 믿음의 사역을 하나님의 믿음과 동일한 믿음을 가진 사람을 통해서 하신다는 것이다.

하나님은 당신의 사역을 위해 그런 믿음을 가진 사람을 찾으신다(사6:8a). 하나님의 말씀을 하나님의 믿음으로 대언할 사람이 필요하기 때문이다. 하나님의 말씀을 하나님의 믿음으로 대언할 때 산이 바다에 빠지는 일이 일어난다.

에스겔 37장 말씀이 본문에 대한 이해를 도울 수 있다.

그가 내게 이르시되 인자야 이 뼈들이 능히 살겠느냐 하시기로 내가 대답하되 주 여호와여 주께서 아시나이다. 또 내게 이르시되 너는 이 모든 뼈에게 대언하여 이르기를 너희 마른 뼈들아 여호와의 말씀을 들을찌어다. 주 여호와께서 이 뼈들에게 말씀하시를 내가 생기로 너희에게 들어가게 하리니 너희가 살리라. 너희 위에 힘줄을 두고 살을 입히고 가죽으로 덮고 너희 속에 생기를 두리니 너희가 살리라 또 나를 여호와인줄 알리라 하셨다 하라. 이에 내가 명을 좇아 대언하니 대언할 때에 소리가 나고 움직이더니 이 뼈, 저 뼈가 들어맞아서 뼈들이 서로 연락하더라.

에스겔 골짜기의 마른 뼈들이 살아나서 큰 군대가 된 것은 에스겔이 하나님의 믿음으로 하나님의 말씀을 대언했기 때문이다. 롬3:3절의 질문은 과연 오늘날에 이런 믿음을 가진 사람이 있겠느냐는 것이다. 만일 없다면 "하나님의 그 믿음"

(텐 피스틴 투 데우)은 세상에 나타날 수 없다. 하지만 바울은 그리스도인들이 그런 믿음을 갖는 것이 가능하기에 반어법을 사용하여 이런 질문을 하고 있다.

(3:4) 종교적 위선에서 벗어나려면

(개역) 그럴 수 없느니라 사람은 다 거짓되되 오직 하나님은 참되시다 할지어다 기록된 바 주께서 주의 말씀에 의롭다 함을 얻으시고 판단 받으실 때에 이기려 하심이라.

μὴ γένοιτο· γινέσθω δὲ ὁ θεὸς ἀληθής, πᾶς δὲ ἄνθρωπος
없다 그렇게 될 수   되게해야 한다 그런데 그 하나님은 참되신 분이   모든 그런데 사람은
ψεύστης, καθὼς γέγραπται, Ὅπως ἂν δικαιωθῇς ἐν τοῖς
거짓말쟁이(이다)   같이   (그것이)기록된 것   하려함이라   혹시 (네가)의롭게 되어지게 안에서   그
λόγοις σου καὶ νικήσεις ἐν τῷ κρίνεσθαί σε.
말씀들   너의 그리고 네가 이길 것이다 안에서 그   판단받는 것   너의

(직역) 그렇게 될 수 없다; 그런데 하나님은 참되신 분이 되게 해야 한다, 그런데 모든 사람은 거짓말쟁이다, 그것이 기록된 것처럼, 혹시 네가 너의 그 말씀들 안에서 의롭게 되게 하려 함이라 그리고 네가 이길 것이다 너의 그 판단 받는 것 안에서.

믿는 자들이 하나님의 그 믿음을 쓸모없는 것으로 만드는 일이 있어서 되겠느냐는 질문을 한 후 바울은 한 마디로 "그런 일이 일어나지 않기를 바란다"고 말한다. **게노이트**는 "되다"라는 의미인데 희구법(소원법)이다. 에스겔서에 나타나는 하나님의 말씀의 능력이 오늘날에도 그대로 일어나야 한다는 것이다. 하지만 현실은 다르다. 에스겔처럼 하나님께 인자라 불림을 받는 믿음의 사람이 없기에 말씀을 통한 하나님의 역사가 나타나지 못한다.

본문에서 **호 데오스 알레데스**(하나님은 진실하시다)와 **파스 안드**

로포스 프슈스테스(모든 사람은 거짓말쟁이이다)가 대조된다. 하나님은 진실하시지만 이 땅에 사는 모든 사람은 거짓말쟁이라는 것이다. 특히 하나님을 믿는다고 하는 유대인들이 그렇다. 저들은 하나님의 말씀의 능력을 믿지 않으면서 믿는 척하는 거짓말쟁이들이다.

이 말씀은 예수님을 믿는 기독교인들에게도 그대로 적용된다. 기독교인 중에도 하나님의 능력의 말씀을 믿는 척하는 사람들이 많이 있다. 그들은 복음서에 나타나는 예수님의 기적을 모두 믿는다고 하면서 그런 기적이 현대에 일어나는 것은 부인한다. 심지어 예수 그리스도의 이름으로 기적을 행하는 사람을 이단으로 몰기도 한다. 오늘날 교회가 하나님의 능력을 믿는다고 하면서 정작 하나님의 능력을 행하지 못하는 것은 위선적인 믿음을 갖고 있기 때문이다.

현대 교회의 많은 목사들이 죽은 나사로가 살아난 설교를 하면서도 오늘날에는 예수님이 죽은 자를 살릴 수 있음을 믿지는 않는다. 이것이 바로 종교적 가식이다. 예수님 당시의 바리새인들처럼 오늘날 교회도 이런 종교적 가식에 빠져있다. 그럼에도 불구하고 하나님은 에스겔과 같은 믿음의 사람을 통해 하나님의 말씀이 진리임을 나타내려 하신다.

안 디카이오데스 엔 토이스 로고이스 수(당신의 말씀 안에서 의롭게 여김을 받으시려 함이라). 여기서 **안**은 가정법에 사용되는 동사불변사이다. 또한 아오리스트시제, 수동태로 쓰인 **디카이오데스**의 기본형인 **디카이오오**는 "의롭게 행하다"라는 의미이다. 하나님은 그리스도인이 이 땅에서 하나님의 의를 나타내기를 원하신다. 그리스도인들이 의로운 삶을 살 때 세상 사람들은 하나님이 의를 행하시는 분이심을 알게 될 것이다.

그리스도인들이 하나님의 의를 해하는 것은 하나님의 말씀(**호 로고스 투 데우**) 안에 있을 때 가능하다. 하나님은 세상을 의로운 나라로 세우는 일에 있어서 하나님의 말씀(**호 로고스**)과 세상 사람들의 방법 중에서 어느 것이 옳은지를 판단하는 자리에서 승리하려 하신다. **디카이오데스**(당신이 의롭게 행함을 받으시고)와 **크리네스다이**(당신이 판단 받으시고)는 모두 2인칭 수동태이다. 이것은 하나님이 사람들로부터 의롭게 행함을 받으시고 사람들로부터 판단 받으신다는 것이다.

세상을 향한 하나님의 마음은 절실하시다. 하나님은 말씀(**호 로고스**)으로 이 땅을 하나님의 나라로 만들려고 하지만 세상에는 그 일을 믿음으로 감당할 사람이 없다. 한 사람도 없다. 그래서 하나님은 독생자이신 예수 그리스도를 보내신 것이다. "길이요 진리요 생명이신" 예수 그리스도의 믿음을 통해 하나님의 뜻을 이루기 위함이다. 기독교 복음에서 예수 그리스도의 믿음이 중요한 것은 이 때문이다.

복음을 잘못 이해한 결과

다른 복음은 없다

갈라디아서에서 바울은 "다른(**알로**) 복음은 없다"(갈1:7)고 말한다. **알로**는 조금 다르다는 말이다. 그러면서 "우리나 혹은 하늘로부터 온 천사라도 우리가 너희에게 전한 복음 외에 다른(**파르**) 복음을 전하면 저주를 받을 것이라"(갈1:8)고 겁박을 준다. 한글개역에 '다른'으로 번역된 전치사 **파르**는 바로 옆에 있는 것(beside)를 말한다. 비슷해 보이는 다른 복음이 우리 옆에 있다는 것이다.

오늘날 교회는 이단을 경계한다. 이단들이 호시탐탐 교인들을 노리기 때문이다. 하지만 이단이 전하는 복음은 완전히 다른 복음이고 그들은 교회에서 멀리 떨어져 있기에 조금만 주의하면 이단에 빠지지 않을 수 있다. 이단보다 더 위험한 것은 교회 안에 들어와서 우리 곁에 있으면서 진짜 행세를 하는 다른(**알로**) 복음이다.

사실 2000년 역사를 보면 교회의 몰락을 가져온 것은 이단이 아니라 교회 안에 들어와 있는 비슷해 보이는 다른 복음이다. 그로인해 복음이 종교로 바뀐다. 본문에서 바울은 교회 안에 스며들어 복음 행세를 하고 있는 유사복음에 대한 경고를 한다.

(3:5) 불의로 하나님의 의를 나타낼 수 없다

(개역)그러나 우리의 불의가 하나님의 의를 드러나게 하면 무슨 말 하리요 (내가 사람의 말하는 대로 말하노니) 진노를 내리시는 하나님이 불의하시냐?

εἰ δὲ ἡ ἀδικία ἡμῶν θεοῦ δικαιοσύνην συνίστησιν, τί ἐροῦμεν;
만일 그런데 그 불의가   우리의   하나님의   의를   함께 세운다면   무슨 말할 것인가
μὴ ἄδικος ὁ θεὸς ὁ ἐπιφέρων τὴν ὀργήν; κατὰ ἄνθρωπον λέγω.
안   불의하시다   그 하나님은   그 내리시는   그   진노를   따라서   사람을   (내가)말한다

(직역)그런데 만일 우리의 그 불의가 하나님의 의를 함께 세운다면 무슨 말을 할 것인가 진노를 내리시는 하나님이 불의하시냐? 내가 사람을 따라서 말한다.

"만일 우리의 불의가 하나님의 의를 함께 세운다면, 우리가 무슨 말을 할 것인가?

바울은 "우리"라는 표현을 쓰면서 가정법 접속사 **에이**(만일)를 사용한다. **에이**는 "나는 그렇다고 보는데"라고 하면서 말하는 가정법이다. 바울은 자신과 함께 하는 사역자들에게도 이런 일이 일어날 수 있다고 보고 있다. 복음 전도자들 중에는 불의를 행하면서 그것을 하나님의 의로 착각하는 경우가 종종 있기 때문이다.

또한 사역자들 중에는 불의한 일을 행해도 주님이 눈감아 주실 거라는 생각을 하는 사람들이 있다. 하나님 나라의 사역을 위해 어쩔 수 없이 행하는 불의는 문제가 안 된다는 것

이다. 오늘날에도 그렇지만 바울 당시에도 그런 사역자들이 있었다. 하지만 이에 대한 바울의 생각은 단호하다.

"그렇다면 불의한 자들에게 진노하시는 하나님이 불의하단 말인가? 그렇지 않다."

불의를 행하는 자들에게 진노하시는 하나님이 자신의 종들의 불의를 눈감아 주는 게 말이 안 된다. 만일 하나님이 그런 분이시라면 불의한 재판관과 다를 것이 무엇인가?

바울은 "만일 우리의 불의가 하나님의 의를 함께 세운다면"(에이 헤 아디키아 헤몬 데우 디카이오쉬넨)이라고 말한다. 에이라는 가정법 접속사와 함께 "우리"라는 말을 사용한 것은 바울 자신에게도 그런 일이 일어날 수 있다고 본 것이다.

바울은 "불의한 자 즉 죄인이 하나님의 의를 하나님과 함께 세울 수 있는가"라는 질문에 "절대로 아니다"로 답변한다. 바울 시대나 오늘날이나 하나님은 불의한 자들을 세워서 하나님 나라의 사역에 사용하지 않는다. 그럼에도 불구하고 교회 안에는 불의를 행하면서도 자신을 하나님 나라의 신실한 사역자로 착각하는 사람들이 많이 있다. 그들의 논리는 세상에 의인은 한 명도 없으므로 불의한 자라도 믿음만 있으면 의롭게 여겨서 하나님의 종으로 쓰신다는 것이다. 하지만 바울은 이 일에 대해 단호하게 말한다. 하나님이 불의한 자들을 택하여 하나님 나라의 사역자로 쓰신다면 어떻게 하나님이 불의를 범하는 자들에게 진노할 수 있느냐는 것이다.

　세상 나라에서도 대통령이 자기와 함께 일할 사람을 뽑을 때는 그 사람의 도덕성을 검증한다. 그 이유는 그들의 불의한 전력이 대통령의 의로운 통치에 치명타가 될 수 있기 때문이다. 같은 이유로 하나님은 불의한 자들을 하나님 나라의 사역자로 쓰지를 않는다. 그래서 하나님은 "내가 거룩하니 너희도 거룩하라."고 말씀하신다.

　바울은 본문의 마지막에 "내가 사람을 따라 말한다."(**카타 안드로폰 레고**)라는 말을 덧붙이는 데 이것은 세상 사람들이라도 상식이 있는 사람이라면 그런 생각을 하지 않기 때문이다. 불의한 자들을 심판해야 할 재판관이 불의를 행하고, 심지어 자기와 가까운 사람들이 불의를 행해도 의롭다고 한다면 어떻겠는가? 사람들은 그런 불의한 재판장을 자리에서 끌어내릴 것이다.

　기독교인들이 이런 생각들은 갖게 된 배경에는 예수를 믿기만 하면 불의를 행해도 하나님이 의롭다고 여기신다는 잘못된 '이신칭의'가 있다. 하지만 하나님은 예수를 믿었다는 이유만으로 불의를 행하는 사람을 의롭게 여기지 않는다. 세상 부모도 자기 자식이 불의를 행하면 때려서라도 고치는 것이 정상이다. 하지만 비정상적인 부모들은 자식이 잘못을 행해도 자기 자녀라는 이유만으로 감싸고도는데 그것은 그 부모가 불의하기 때문이다.

우리는 하나님을 불의한 아버지로 만들면 안 된다. 하나님을 믿는 자로서 그것만큼 하나님에 대한 신성모독이 어디에 있겠는가?

(3:6) 절대로 일어나서는 안 되는 일

(개역) 결코 그러지 아니하니라 만일 그러하면 하나님께서 어찌 세상을 심판하시리요.
μὴ γένοιτο· ἐπεὶ πῶς κρινεῖ ὁ θεὸς τὸν κόσμον;
안 된다 (그것이) 되어서는 만일 그렇하면 어떻게 판단할 것인가 그 하나님이 그 세상을
(직역) 그것이 되어서는 안된다; 만일 그렇다면 어떻게 하나님이 세상을 판단할 것인가?

본문의 첫 소절인 **메 게노이트**(결코 그렇게 되어서는 안 된다)는 일부 기독교인들이 잘못된 신앙으로 하나님을 불의한 재판관으로 만드는 일에 대한 바울의 입장이 얼마나 단호한가를 보여준다. **게노이토**의 기본형인 **기노마이**는 "되다"(become)이다. 희구법(소원법)으로 쓰였다. 여기에는 하나님은 절대로 그렇게 하지 않으실 거라는 바울의 강한 바램이 들어있다. 중간디포로 쓰인 것은 하나님이 절대로 그러실 분이 아니라는 바울의 강한 의지를 볼 수 있다. 의로우신 재판장이신 하나님이 하나님의 사역자들이 행하는 불의로 하나님의 의가 나타나게 한다면 그런 하나님이 어떻게 세상을 심판하실 수 있겠느냐는 것이다.

바울이 이런 말을 하는 것은 당시 교회에도 잘못된 이신

칭의를 바탕으로 자신의 죄를 합리화 시키는 사역자들이 많이 있었기 때문이다. 생각해 보라. 세상의 재판관보다도 의롭지 못한 하나님이 어떻게 세상의 불의한 재판관을 심판하시겠는가? 이것은 한국교회가 붙들고 있는 잘못된 이신칭의가 얼마나 위험한 교리인가를 보여준다.

(3:7)하나님은 종들의 불의를 눈감아 주지 않는다

(개역)그러나 나의 거짓말로 하나님의 참되심이 더 풍성하여 그의 영광이 되었다면 어찌 내가 죄인처럼 심판을 받으리요

εἰ δὲ ἡ ἀλήθεια τοῦ θεοῦ ἐν τῷ ἐμῷ ψεύσματι ἐπερίσσευσεν
만일 그런데 그 참되심이 그 하나님의 안에서 그 나의 거짓말 (그것이)더욱 풍성해져서
εἰς τὴν δόξαν αὐτοῦ, τί ἔτι καγὼ ὡς ἁμαρτωλὸς κρίνομαι;
속으로 그 영광 그의 어찌하여 아직까지 나도 처럼 죄인 판단받아야 하나

(직역)그런데 만일 하나님의 그 참 되심이 나의 거짓말 안에서 더욱 풍성해져서 그의 영광 속으로(들어가게 한다면), 어찌하여 아직까지 나도 죄인처럼 판단 받아야 하느냐?

바울은 자신을 예로 들어 더 강한 반론을 펼친다.

"만일 나의 거짓말로 인해 하나님의 참되심이 더욱 풍성해진다면 그래서 하나님이 그 일로 더 큰 영광을 받으신다면 왜 아직까지 내 자신이 죄의 문제로 하나님께 판단을 받겠느냐?"

에이라는 가정법 접속사를 쓴 것은 바울 자신도 하나님의 사역을 할 때 진리가 아닌 것을 말한 적이 있으며 그 때마다 하나님의 판단을 받았음을 보여준다. 하나님은 종들이 범하는 불의에 눈감아 주는 분이 절대로 아니며 그래서 바울 자신도 불의를 행할 때마다 하나님께 판단을 받은 것이다(크리

노마이). **크리노마이**가 현재시재인 것은 바울은 지금도 자신이 잘
못을 하면 하나님이 지적을 하신다는 것이다.

(3:8)선을 이루기 위해 악을 행할 수 없다

(개역) 또는 그러면 선을 이루기 위하여 악을 행하자 하지 않겠느냐 어떤 이들이 이렇게 비방하여 우리가
이런 말을 한다고 하니 그들은 정죄 받는 것이 마땅하니라.

καὶ μὴ καθὼς βλασφημούμεθα καὶ καθώς φασίν τινες
그리고 않느냐 그런 식으로 (우리가)모독을 받지 그리고 그런 식으로 (그들이) 주장하지 어떤 이들이

ἡμᾶς λέγειν ὅτι Ποιήσομεν τὰ κακὰ ἵνα ἔλθη τὰ ἀγαθά;
우리가 말한다고 것을 (우리가)악한 일을 행해야 한다는 그 악한 일들을 위하여 오게하기 그 선한 일들이

ὧν το κρίμα ἔνδικόν ἐστιν.
(그런 사람들의) 그 심판은 마땅하게 존재한다

(직역) 그리고 우리가 모독을 받지 않느냐 그리고 그런 식으로 어떤 이들이 주장하지 않느냐, 선한 일들
이 오게 하려면 우리가 악한 일들을 행해야 한다고? 그런데 그런 사람들의 심판은 마땅하다.

"선을 행하기 위함이라면 악을 행해도 괜찮다."

바울과 그의 동역자들이 이런 말을 하고 다닌다는 소문이
나돌았다. 이것은 바울을 싫어하는 사람들이 바울을 비방하
기 위해 만든 말이라기보다는 불의를 행하는 사역자들이 자
신들의 행위를 합리화시키기 위해 바울의 이름을 팔고 있는
것이다.

바울은 이 일로 인해 무척 화가 났다. 이것을 신성모독으
로 보고 있다. 바울에 대한 모독이기에 앞서 바울을 종으로
세운 하나님에 대한 모독이다. 그래서 자신에 대한 그런 소
문을 내는 사람들이 하나님의 심판을 받는 것이 마땅하다고
말한다.

"모독을 받다"라는 헬라어 **블라스페무메다**는 신성모독을 나타내는 단어이다. 하나님의 종을 그런 식으로 비방하는 것은 그를 종으로 세운 예수님에 대한 신성모독이다. 결국 일부 기독교인의 잘못된 생각으로 인해 세상 사람들이 예수님을 모독하게 된다. 오늘날 한국교회가 세상 사람들로부터 '개독교'라는 비방을 듣는 것은 이 때문이다. 성경은 예수님을 주라 부르거나 주님의 종이 되었다고 해서 그들의 불의를 용납하지 않는다는 것을 분명히 말하고 있다.

그 날에 많은 사람이 나더러 이르되 주여, 주여 우리가 주의 이름으로 선지자 노릇 하며 주의 이름으로 귀신을 쫓아내며 주의 이름으로 많은 권능을 행하지 아니하였나이까 하리니 그 때에 내가 그들에게 밝히 말하되 내가 너희를 도무지 알지 못하니 불법을 행하는 자들아 내게서 떠나가라 하리라(마7:22~23).

마지막 심판 때에 왜 이런 일이 벌어지는가? 그것은 복음에 대한 잘못된 이해 때문이다. 예수를 주로 영접했으니까 구원받았다는 안일한 생각 그리고 자신이 선지자 노릇을 하고 주의 이름으로 귀신을 쫓아내고 많은 권능을 행했으니까 하늘나라에서 큰 상급을 받을 거라는 생각이 백보좌의 심판 때에 무참히 깨지게 된다. 그리고 내가 소망하는 천국이 아니라 도리어 지옥에 떨어지는 상황이 벌어지는 것은 예수를 믿는 게 무엇인지를 제대로 인식하지 못했기 때문이다.